Hortensien

Harry van Trier

Hortensien

Aus dem Niederländischen
von Christine Thelen

Ulmer

Inhalt

Warum ich dieses Buch geschrieben habe 7

Die Geschichte der Hortensien 10

Fossilienfunde 11
Die Entdeckung der Hortensien 11
Der Weg in die Gärtnereien 13
Auf Forschungsreise in Japan 14
Die Entdeckungen gehen weiter 14

Botanik und Systematik 18

Botanische Merkmale der Hortensien 19
Systematik 20

Die verschiedenen Hortensien-Arten 26

Sorten von H. macrophylla und H. serrata 66

Hortensien im Garten 118

Die richtige Wahl 119
Geeignete Standorte 123
Richtig pflanzen 126
Hortensien pflegen und schneiden 128
Krankheiten und Schädlinge 130
Hortensien selbst vermehren 131
Pflanzenpartner für Hortensien 132

Mehr als eine Gartenpflanze 136

Hortensien in der Floristik 137
Hortensien in der Pflanzenheilkunde 138
Hydrangea als Tee 138
Hortensien zur Papierbereitung 139

Service

Register 142
Weiterführende Literatur 143

Warum ich dieses Buch geschrieben habe

Schon wieder ein Buch über Hortensien? In den zurückliegenden Jahren sind so viele Bücher zu diesem Thema erschienen, dass man sich die Frage stellen muss. Was unterscheidet also dieses Buch von den anderen?

Die englischsprachige Literatur zu diesem Thema aus den USA, Großbritannien und aus Neuseeland stellt zweifellos eine wertvolle Ergänzung zum Kenntnisstand über Hortensien dar. Aber die dortigen Umstände lassen sich nicht einfach auf unsere Verhältnisse übertragen: Der Grund dafür sind die unterschiedlichen klimatischen Voraussetzungen. Dazu kommt, dass die meisten der darin aufgeführten Pflanzen in unseren Gärtnereien gar nicht erhältlich sind. Das gilt auch für den zweifellos gelungenen Prachtband „Encyclopedia of Hydrangeas“ von C. J. und D. M. Van Gelderen. Dann gibt es außerdem Bücher, die gar nicht den Anspruch einer grundlegenden Information bieten, sondern thematisch gerade an der Oberfläche kratzen. Dieses Buch will eine Brücke schlagen zwischen diesen zwei Arten von Publikationen. Neben solider Hintergrundinformation und praktischen Anleitungen zur Verwendung im Garten bekommt der Leser Kenntnisse über eine umfangreiche Auswahl bekannter und weniger bekannter Arten und Sorten an die Hand, die, mit Ausnahme der allerneuesten Formen, alle in meinem eigenen Garten von mir erprobt wurden. Darüber hinaus sind sie auch im Handel erhältlich. Meine Auswahl ist natürlich auch durch persönliche Vorlieben geprägt, aber ich bin davon überzeugt, dass hier für jeden Gartenliebhaber etwas dabei ist. Kurze Hinweise auf Menschen, die meinen Weg beeinflusst haben, manche von ihnen tun das auch weiterhin, ergänzen dieses Buch.

Als ich im Oktober 1981 im Arboretum Kalmthout in Antwerpen, Belgien als wissenschaftlicher Mitarbeiter anfing, wurde ich recht schnell in die Vermehrung von Pflanzen einbezogen.

H. paniculata 'Pink Diamond'

Hydrangea 'Veerle' als Blütenhecke.

Neben Hamamelis, der Zaubernuss, sind Hortensien die zweite Pflanzengruppe, die für die einzigartige Pflanzensammlung dieses Landschaftsgartens kennzeichnend ist. Jelena und Robert de Belder, die Gründer des heutigen Arboretum Kalmthout, pflanzten fast ausschließlich die Art *Hydrangea paniculata*. Auf diese Weise entstanden zahlreiche neue Sorten, wovon einige wie 'Unique' und 'Pink Diamond' weltweit erfolgreich wurden. Überwältigt von der Vielfalt der Hortensien und bezaubert von ihrem subtilen Farbspiel wollte ich unbedingt mehr über diese Pflanzen lernen. Natürlich beeindruckte mich auch ihre lange Blütezeit. Zu dieser Zeit war ich auf dem Gebiet der Pflanzen noch ein Neuling. Meine Lehrmeisterin Jelena de Belder öffnete mir die Augen für diese neue Welt. Dafür bin ich ihr noch heute dankbar. Von ihr bekam ich aus allererster Hand alle nützlichen Informationen und durfte an der Züchtung neuer Sorten mitarbeiten, was ein außergewöhnliches Abenteuer für mich wurde. Die Tage, an denen ich zusammen mit Jelena de Belder und mehrmals auch mit Louis Ilsink von der Gärtnerei Darthuiser (in Leersum in den Niederlanden) in Domain Hemelrijk in Essen, Belgien, zwischen diesen zauberhaften Pflanzen umherstreifte, haben sich mir tief eingeprägt.

Um Hortensien zu züchten, muss man sie eingehend betrachten und vergleichen. Dazu vergisst man am besten erst einmal alles, was man über diese Pflanzengruppe weiß. Denn es geht in diesem ersten Schritt keinesfalls um eine botanisch wissenschaftliche Studie. Wir versuchen das Wesen der Pflanzen zu erfassen und gleichzeitig alle individuellen Eigenschaften zu berücksichtigen.

Meine erste Herausforderung fand ich in der Übersetzung der prächtigen Monografie von Elisabeth McClintock, „A Monograph of the genus Hydrangea" von 1957. Besuche in diversen Hortensiengärten, unter anderem der bedeutenden Hortensiensammlung von Corinne und Robert Mallet, Shamrock, in Varengeville-sur-Mer in Frankreich folgten, aber die Grundlage meiner Erfahrungen blieb die schon erwähnte Hortensiensammlung im Arboretum Kalmthout und in Domein Hemelrijk in Essen, Belgien. Der Anblick

der Hortensienhaine in Domain Hemelrijk ist mir unvergesslich: Zig blühende Exemplare – überwiegend der Arten *H. paniculata* und *H. heteromalla*. Was mich allein schon überwältigte, waren die gigantischen Abmessungen dieser Pflanzen. Einige Exemplare waren sicher 6 m hoch. Das waren keine hoch gezüchteten Topfpflanzen aus dem Gartencenter. Sie waren auch nicht zu vergleichen mit den prächtigen Hortensien, die in der Normandie die Wegränder säumen. Es war einfach unvergleichlich. Dieses intensive Erlebnis hat mich tief geprägt. Seit diesem Tag ist mir klar, welche vielfältigen Möglichkeiten diese Pflanzengruppe uns bietet: als Beet- oder Topfpflanze, als Bodendecker oder Kletterpflanze, als großer Strauch oder als kleiner Baum. Eine Verwendung für Hortensien finden wir in jedem Garten, Park oder in jeder Grünanlage.

Inzwischen liegt meine Zeit im Arboretum Kalmthout einige Jahre zurück. Meine Leidenschaft für Hortensien ist allerdings ungebrochen, ja, sie hat sogar zugenommen. Ich habe mich inzwischen an eigene Züchtungen gewagt, mit einem ersten Ergebnis: *H.* 'Veerle'®. Nachdem Wim Rutten 2006 viel zu früh starb, wurde mir gemeinsam mit Jan Oprins die Ehre zuteil, Wims umfangreiche Kollektion weiterzuführen, Vermächtnis und Herausforderung! Wim Rutten war Gärtner aus Leidenschaft, Pflanzenliebhaber, Seelenverwandter und Freund. Er hat in Leende in den Niederlanden eine einzigartige Sammlung von *H. serrata* zusammengetragen. Er war eigentlich immer mit der Pflege und dem Vermehren von Hortensien beschäftigt. Ihm widme ich dieses Buch. Ich möchte mein in den Jahren gesammeltes Wissen mit anderen Pflanzenliebhabern teilen und sie so von den vielfältigen Möglichkeiten und der ästhetischen Qualität der Hortensien überzeugen.

Harry van Trier

Tab. 50.

HYDRANGEA petiolaris.

Tab. 51

HYDRANGEA Azisai.

Tab. 53.

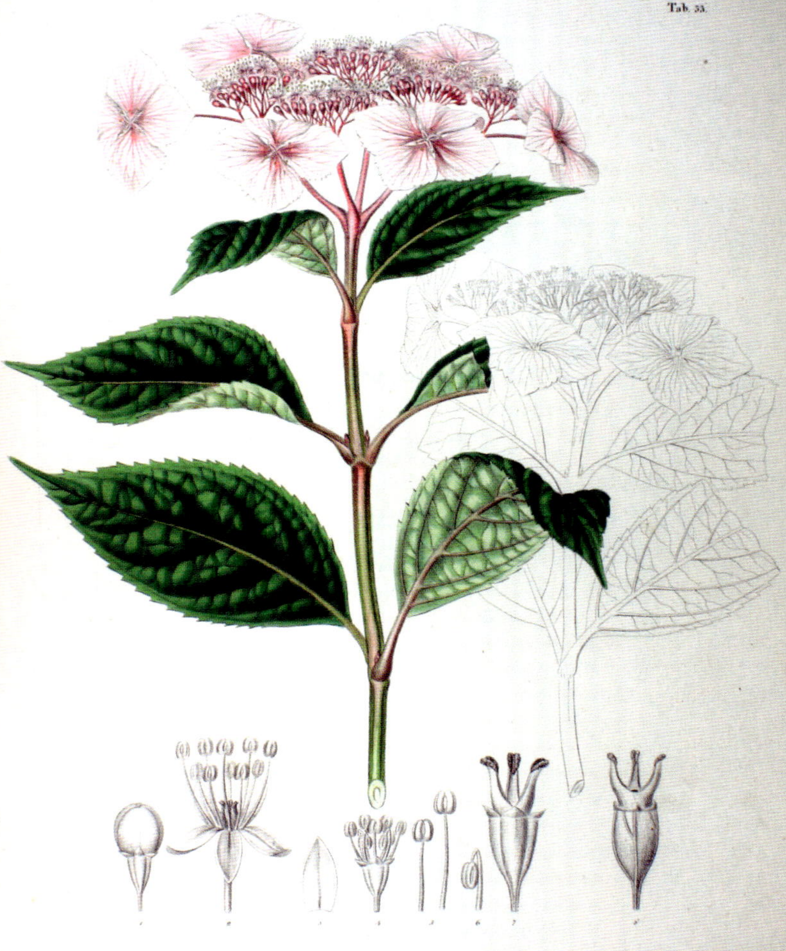

HYDRANGEA japonica.

Tab. 53

HYDRANGEA Belzonii

Die Geschichte der Hortensien

1

Hortensien gibt es auf allen Kontinenten, was auf eine lange Entstehungsgeschichte schließen lässt. Ihr gemeinsamer Ursprung muss demnach noch vor dem Auseinanderdriften der Kontinente liegen.

Fossilienfunde

Fossilien belegen ein respektables Alter der Pflanzen: Versteinerte Überreste von sterilen und fertilen Blüten fand man in Europa, Nordamerika und in Asien. Sie stammen aus dem Eozän (somit rund 40 bis 70 Millionen Jahre alt) bis zum späten Tertiär und dem Miozän (rund 12 bis 15 millionen Jahre alt).

Die Entdeckung der Hortensien

1739 taucht der Name „Hydrangea" in der westlichen Literatur erstmals auf. Jan Fredrik Gronoviius, ein niederländischer Botaniker und Gönner von Linnaeus, beschreibt in seinem Werk „Flora Virginica", das er 1743 vollendete, eine Reihe von Pflanzen, die um 1730 in Virginia (USA) durch John Clayton zusammengetragen wurden. Hierunter befand sich auch ein Strauch mit cremeweißen Blütenschirmen unter der Bezeichnung „Hydrangea".

In Linnaeus' Meisterwerk „Species Plantarum" aus dem Jahre 1753 wurde der Begriff übernommen. Die Pflanze bekam den Namen *Hydrangea arborescens*. 1788 folgte die Beschreibung einer zweiten nordamerikanischen Art, *Hydrangea radiata* (durch Walter) und 1790 die von *Hydrangea quercifolia* (Bartram).

Ein weiterer Schritt in der Erforschung der Hortensien war die Entdeckung und Beschreibung von Hortensien-Arten aus dem nördlichen Südamerika durch Ruiz und Pavón. Sie ordneten diese einer eigenen Gattung *Cornidia* zu, die 1798 in der Gattung *Hydrangea* aufging. Aus dieser Gruppe gibt es in unseren Gärten nur eine kleine Anzahl immergrüner Kletter-Hortensien-Arten, die nicht sehr frostbeständig sind.

Im 18. Jahrhundert, in der Zeit der Shogun, hatte Japan sämtliche Beziehungen zu anderen Staaten abgebrochen. Während dieser Zeit der selbst auferlegten Isolation, die länger als 200 Jahre andauerte – insgesamt von 1638 bis 1856 –, war im Westen nichts über Japans enormen Reichtum an Hortensien bekannt. Dort wuchsen diese Pflanzen schon seit Menschengedenken in der Natur und in den Gärten. Aber im 18. Jahrhundert gab es im Hafen von Nagasaki eine künstlich angelegte Insel namens Deshima, die als niederländischer Umschlagplatz diente. Sie machte einen, wenn auch begrenzten, Informationsaustausch möglich. Es waren vor allem die Ärzte dieser niederländischen Handelsniederlassung, denen es zu verdanken ist, dass

„Flora Japonica", von Siebold und Zuccarini, 1870.

Hortensien aus von Siebolds „Flora Japonica“, 1870.

im Laufe der Zeit einige Kenntnisse über Hortensien nach Europa durchsickerten.

Der deutsche Arzt Engelbert Kaempfer (1651–1716), der sich zwei Jahre lang in Deshima aufhielt, war der erste, der über die asiatischen Hortensien wissenschaftliche Aufzeichnungen anfertigte. Er sortierte sie allerdings fälschlicherweise in die Gattung *Sambucus* ein. Seine Veröffentlichungen zu den Hortensiengewächsen sind weitgehend unbekannt geblieben. Größere Anerkennung fand er als der erste Abendländer, der *Ginkgo biloba* wissenschaftlich untersuchte.

Zwischen August 1775 und November 1776 lebte und arbeitete der Schwede Carl Peter Thunberg (1743–1828) auf Deshima. Wie seine Vorgänger wurde er verpflichtet, einmal während seines Aufenthaltes dem Hof von Edo seine Aufwartung zu machen. Samurai überwachten die Reise streng, sodass es so gut wie unmöglich war, die Vegetation, durch die er reiste, wahrzunehmen, geschweige denn, davon Stecklinge oder Pflänzchen mitzunehmen. In seinem Buch „Flora Japonica“(1784) beschreibt er dennoch eine ganze Reihe von Pflanzen. Einerseits wurde er im Grünfutter fündig, das für die Tiere auf Deshima angeliefert wurde, da sie die Japaner von der Notwendigkeit einer Ziege für die Milchversorgung der niederländischen Kinder hatten überzeugen können. Andererseits wurden ihm von Japanern, die wussten, dass der eigenartige Europäer sich für die japanische Pflanzenwelt interessierte, regelmäßig Pflanzen angeboten. Auf diese Weise konnte Thunberg in seinem Buch fünf Hortensien-Arten beschreiben, die er der Gattung *Viburnum* zuordnete, was oberflächlich betrachtet angesichts der Ähnlichkeit mancher Blüten bei *Hydrangea* und *Viburnum* (beispielsweise mit dem Gemeinen Schneeball, *Viburnum opulus*) verständlich ist.

Während einer botanischen Expedition in den Jahren 1766 bis 1769 unter der Leitung von Louis-Antoine de Bougainville verwendete der französische Botaniker Philibert Commerson zum ersten Mal den Namen „Hortensia“, der bis heute der landläufige Name für *Hydrangea* ist. Als sie während dieser Reise auch die heutige Insel Mauritius besuchten, wurde Commerson auf eine ursprünglich chinesische Pflanze aufmerksam, die schon einige Jahre zuvor durch Pierre Poivre, den Verwalter der königlichen Gärten Jardin des Pampelmousses, hierhin mitgebracht worden war. Er nannte diese neue Pflanze Hortensia. Später stellte sich heraus, dass die Pflanze mit Thunbergs *Viburnum macrophyllum* identisch war. Die Herkunft des schönen Namens Hortensia bleibt aber nebulös. Viele Autoren spekulieren über eine Frau, die Commerson wohl mit dieser Bezeichnung gemeint hat. Es kommen hierfür mehrere Personen in Frage, die jedoch aus verschiedenen historischen Gründen fast alle ausscheiden. Gab Commerson den Namen zu Ehren des berühmten Pariser Astronoms Hortense Lepaute oder begründete er seine Wahl ganz einfach darauf, dass man die Pflanze im Garten antrifft: Hortensie, sprich: aus dem Garten?

Auf einer anderen Reise, die durch Joseph Banks (ab 1797 der erste Direktor der Royal Botanic Gardens in Kew, Großbritannien) finanziert wurde, kam 1789 eine andere chinesische Pflanze nach England. Die blasse Hortensie, die in Cornwall heute noch sehr verbreitet ist, wurde 1792 durch Sir James Smith, den ersten Vorsitzenden der Linnean Society, *Hydrangea hortensis* benannt. Die Pflanze ist allerdings ebenfalls identisch mit Thunbergs *Viburnum macrophyllum*.

Andere Pflanzen mit Namen wie *Primula mutabilis* (Loureiro, 1790) und *Hortensia opuloides* (Lamarck, 1789) wurden nach Europa eingeführt. Im Jahre 1839 versuchte Seringe, ein Zögling des schweizer Botanikers de Candolle, Ordnung in die Namensgebung zu bringen. In seinem Werk „Prodromus“ vereinigt er die Sorten aus der Alten Welt (Asien) und der Neuen Welt (Amerika) in der Gattung *Hydrangea*.

Der Weg in die Gärtnereien

Einer der Nachfolger Thunbergs war der berühmte Franz von Siebold. Der viel zitierte deutsche Arzt und Diplomat war zu Beginn des 19. Jahrhunderts im Dienst der ostindischen Kompanie und brachte in den Jahren 1829–30 wiederum eine beträchtliche Anzahl von Pflanzen mit. In „Flora Japonica“ (1870), einem Meisterwerk, das er gemeinsam mit dem deutschen Botaniker Zuccarini verfasste, sind einige japanische Pflanzen erstmalig erwähnt und beschrieben. Ebenso finden wir hierin einzelne Hortensien, wobei es sich allerdings um Sorten handelt, nicht um Arten. Nach den Abhandlungen von Thunberg vergingen rund 45 Jahre, bis weitere Hortensien den Westen erreichten.

Auch die politischen Wirren dieser Zeit hatten Auswirkungen auf die Geschehnisse um die Hortensien. 1830 sagte sich Belgien von den Niederlanden los und erlangte daraufhin mit internationaler Hilfe die Unabhängigkeit. Von Siebolds Pflanzen landeten genau in diesen unruhigen Zeiten im Hafen von Antwerpen. Von Siebold konnte einen großen Teil seiner mühselig zusammengetragenen Sammlung mit zu seinem Wohnort Leiden in den Niederlanden nehmen. Einen Teil musste er jedoch bei Freunden in Gent (Belgien) zurücklassen. Diese Pflanzen fanden einen Platz im botanischen Garten der Universität und fanden von hier aus zweifellos auch ihren Weg in belgische Gärtnereien. Erst Jahrzehnte später versuchte von Siebold seine Pflanzen wiederzubekommen. Es sind Briefe überliefert, in denen er sich beklagt, dass ihm dies nur teilweise gelang.

Auf diese Weise verfügten belgische Gärtnereien also schon früh über einen Teil der japanischen Hortensien und andere Pflanzen, die von Siebold von seinen Reisen mitgebracht hatte. Und sie waren sich des unschätzbaren Wertes dieser Neuheiten schnell bewusst. So ist nachvollziehbar, dass einige Pflanzen, die von Siebold mitgebracht hatte, erstmalig in belgischen Gartenbauzeitschriften beschrieben und abgebildet wurden. Aber das Verhältnis zwischen von Siebold und den meisten belgischen Gärtnern war ungetrübt, trotz einiger vereinzelter Unstimmigkeiten. Das belegen Aufzeichnungen aus dieser Zeit.

Auf Forschungsreise in Japan

1860 reiste Carl Johann Maximowicz, Beauftragter der kaiserlichen Gärten in Petrograd (Russland) nach Hokodate in Japan. Er erhielt die Erlaubnis, innerhalb eines Radius von 20 Meilen um die Stadt seine botanischen Studien durchzuführen. Maximowicz nahm seine Aufgabe ernst und trug auf den Bergflanken bei Hokodate von September 1860 bis 1861 ungefähr 800 Herbariumexemplare, 250 Arten, Samen und zahllose Zwiebelgewächse zusammen. Am 4. Januar 1862 kommt Maximowicz nach Nagasaki und am 30. März zieht er weiter nach Yokohama. Im Dezember 1862 kehrt er zurück nach Nagasaki und bleibt dort bis Dezember 1863. Nach einem weiteren Zwischenstop von einem Monat in Yokohama umschifft er das Kap der guten Hoffnung und kehrt zurück nach Europa. Bei seiner Rückkehr in Petrograd am 10. Juli 1864 bringt er nicht nur 72 Kisten Herbariummaterial und 300 verschiedene Arten von Samen und Zwiebeln mit, sondern auch rund 400 lebende Pflanzen! Letzteres ist für diese Zeit eine enorme Leistung. 1867 publiziert er sein „Revisio Hydrangearum Asiae Orientalis“, die erste echte Monografie über Hortensien. Maximowicz fand, dass von Siebold in seiner „Flora Japonica“ zu viele Arten beschrieben hatte, und das traf zweifellos zu.

Inzwischen befinden wir uns in der Zeit der großen Pflanzenjäger wie Charles Maries und Ernest Henry Wilson. Sie und andere sind für die enorme Zunahme der eingeführten Hortensienarten auf dem europäischen Festland verantwortlich.

Die Entdeckungen gehen weiter

Bis heute sorgen moderne Pflanzenjäger und -sammler wie Corinne Mallet, Maurice Foster, Dan Hinckley, Roy Lancaster und viele andere dafür, dass noch regelmäßig neue Hortensien unsere Gärten bereichern. Natürlich gibt es auch immer neue Züchtungen. Die Geschichte der Hortensien ist noch nicht zu Ende.

Hydrangea involucrata (1870)

Die Leidenschaft von Jelena und Robert de Belder

Jelena und Robert de Belder

Meine Liebe zu Pflanzen und zu Hortensien im Besonderen begann 1981 im Arboretum Kalmthout. Dieser weltberühmte Pflanzengarten ist das Resultat der Pflanzenleidenschaft von Jelena und Robert de Belder. Hier gibt es unzählige Hortensien, vorwiegend gehören sie zu *H. paniculata*. Sorten wie 'Unique', 'Pink Diamond', 'Little Lamb' und 'Bridal Veil' sind nur ein paar Beispiele der weltberühmten Züchtungen, die hier gelungen sind. In der Natur zeigt *H. paniculata* wenig Reichtum an Varianten, aber inzwischen gibt es eine Vielzahl von kultivierten Hortensiensorten, die sich äußerlich oft nur wenig unterscheiden. Jedes Jahr aufs Neue ziehen Besucherströme durch das Arboretum Kalmthout und lassen sich vom Charme dieser vielfältigen Hortensiensammlung in ihren Bann ziehen. Neben der umfangreichen Sammlung an *H. paniculata* finden wir auch *H. serrata* und die historische *H. paniculata* 'Floribunda', die Ausgangspunkt für zahllose Züchtungen von Rispen-Hortensien war.

Jelena Kovacic, wie ihr Mädchenname lautete, war eine außergewöhnliche Frau. Enthusiastisch, inspirierend, offen, aufrichtig, anspruchsvoll, jung, all das sind Eigenschaften, die auf sie zutrafen. Aber vor allem ihre ansteckende Begeisterung bleibt jedem, der mit ihr in Kontakt kam, in lebendiger Erinnerung. Viele junge Menschen aus der ganzen Welt wurden durch ihre Leidenschaft angesteckt, wenn sie im Arboretum ihr gärtnerisches Praktikum machten, und fanden durch sie den Weg in einen botanischen Beruf.

H. paniculata 'Unique'

Bei Jelena gab es bloß zwei Möglichkeiten: Entweder man begleitete sie auf eine fantastische, spannende Reise oder man ging.

Immer mit dabei war Robert de Belder. Er war das ruhige, intellektuelle Alter Ego von Jelena. Er hielt sich immer etwas im Hintergrund, besonders in Jelenas Anwesenheit. Dafür betrachtete er alles von der wissenschaftlichen Seite. Mehrmals verblüffte er mich mit seinen fundierten Äußerungen. Er lebte ganz in seiner Bibliothek, deren Sammlung botanischer Werke seinesgleichen in Europa suchte.

Oft musste Robert das Temperament seiner Ehefrau mäßigen, aber wenn es darauf ankam, war er ihr Fels in der Brandung. Diese zwei äußerst verschiedenen Charaktere bildeten gemeinsam das perfekte Duo. Immer wenn ich an Jelena denke, die mich so früh prägte, dann weiß ich, dass das nicht ohne Robert möglich gewesen wäre. Beiden verdanke ich meine Liebe zu den Hortensien.

Harry van Trier

Botanik und Systematik

2

Die Gattung Hydrangea umfasst eine relativ kleine Gruppe von Sträuchern, kleinen Bäumen und Kletterpflanzen. Kultiviert werden vor allem Arten und Sorten der Sektion Hydrangea.

Botanische Merkmale der Hortensien

Hydrangea kommen in Nordamerika, Ostasien und auf den Philippinen vor. Dort verlieren die Pflanzen im Winter ihre Blätter und ihre Blütenstände sind im Knospenstadium nicht durch Hüllblätter (Brakteen) umschlossen (Ausnahme: *H. involucrata*). In der Sektion Cornidia aus Zentral- und Südamerika, den Philippinen und Formosa, sind die Pflanzen immergrün und die Blütenstände sind vollständig durch große, ovale Hüllblätter umschlossen.

Paarweise stehen sich die Blätter von Hydrangea gegenüber. Bei *H. paniculata* sind es drei Blätter. Normalerweise ist das Blatt oval bis elliptisch, nur bei *H. quercifolia* und der seltenen *H. sikokiana* ist es gelappt. Die Blattränder sind meistens gezähnt, manchmal auch ganzrandig.

Der Blütenstand von Hydrangea besteht aus einem Schirm zahlreicher fruchtbarer Blüten, umringt durch einzelne auffällige sterile Blüten. Bei einigen Arten wie *H. paniculata* und *H. quer-*

Hydrangea 'Leuchtfeuer' (rechts)

Hydrangea 'Libelle' (links)

H. serrata 'Tokyo Delight' mit schirmförmiger Blüte.

cifolia hat der Blütenstand die Form einer Rispe. Die fruchtbaren Blüten sind klein mit unauffälligen Kelchblättern (Sepalen) und vier oder fünf Blütenblättern (Petalen). Diese sind weiß, blau oder rosa. Normalerweise zählen wir pro Blüte acht bis zehn Staubblätter und zwei bis vier Fruchtblätter. Auffällig sind die sterilen Blüten, die meistens kranzförmig um die unscheinbareren fruchtbaren Blüten stehen. Eine sterile Blüte hat normalerweise drei bis fünf große farbige Kelchblätter (Sepalen). Die anderen Blütenteile der sterilen Blüten sind üblicherweise nicht entwickelt. Sind sie ausnahmsweise doch einmal entwickelt, so bilden sie sehr selten Samen aus. Die Ball-Hortensien (Hortensias) sind als Mutation aus wilden Arten entstanden. Typisch für sie ist der kugelförmige Blütenstand.

Die Samenkapseln sind klein, holzig und wie eine Amphore geformt. Wahrscheinlich ist hiervon auch der Name abgeleitet („hydor" bedeutet Wasser und „angeion" Krug). Innerhalb einer Samenkapsel bilden sich zahllose zarte Samen aus. Selbst bei den Ball-Hortensien mit ihren kugelförmigen Blütenständen gibt es immer einzelne fruchtbare Blüten, es ist daher, wenn auch in geringem Maße, Samenbildung möglich. Das ist für die Züchtung weiterer Arten natürlich eine wichtige Voraussetzung.

Systematik

Wir betreten nun gefährliches Terrain, denn die Systematik im Allgemeinen und die von *Hydrangea* im Besonderen ist Gegenstand vieler, einige werden sagen, endloser Kontroversen. Die traditionelle Systematik nach Linnaeus (1707–1778, späterer Name: Carl von Linné) ist inzwischen schon rund 250 Jahre im Gebrauch, aber die Wissenschaft hat sich natürlich auch auf diesem Gebiet weiterentwickelt. Untersuchungen der Kladistik (Phylogenetik) und neuartige DNA-Marker bringen frische Erkenntnisse. Die neuesten Forschungen, die auf phylogenetischen Erkenntnissen basieren, positionieren die Hy-

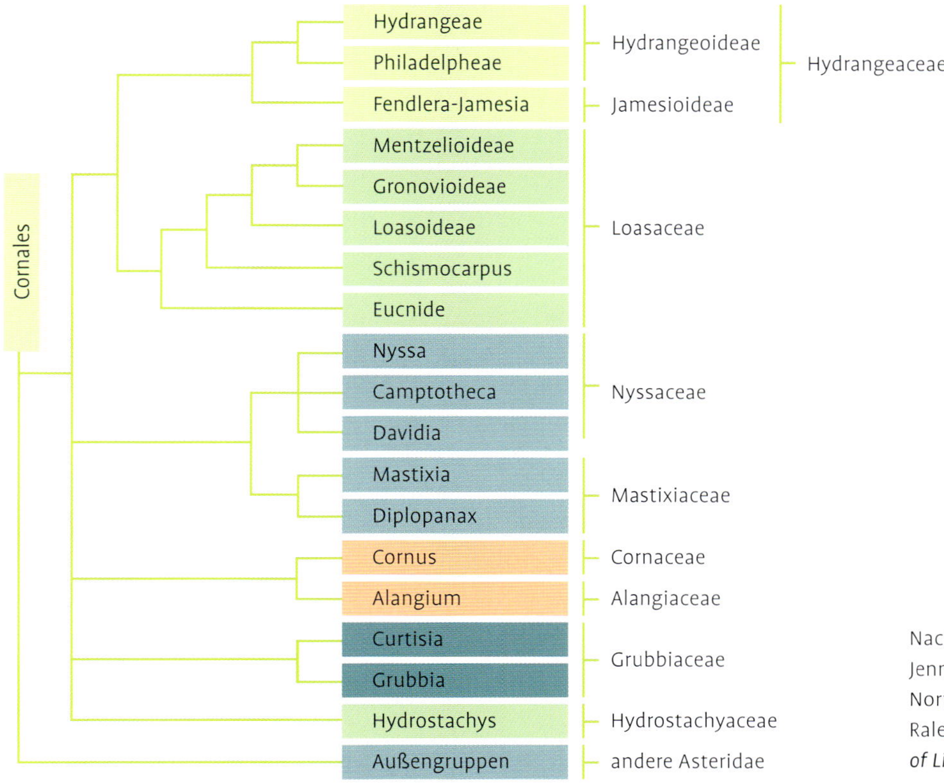

Nach Cornales (Dogwood), Jenny Qui-Yun Xiang, North Carolina State University, Raley, North Carolina, USA in *Encyclopedia of Life Science*, 2005.

drangeaceae, die Hortensiengewächse in die Cornales, sehen sie also verwandt mit Cornus, Davidia und Liriodendron.

Das Hydrangea-Kladogramm besteht aus allen Arten von Hydrangea plus Broussaisia, Dichroa, Decumaria, Pileostegia und Schizophragma. Innerhalb dieses Kladogramms bilden Broussaisia und Dichroa eine Verzweigung, in der wir auch *H. hirta, H. scandens* und *H. macrophylla* finden. *H. heteromalla* und *H. paniculata* sind nur entfernt mit den Kletterern Schizophragma, Pileostegia und Decumaria verwandt. Die meisten Hydrangea-Arten gehören zur Anomala-Gruppe, hier finden wir neben *H. involucrata, H. aspera, H. quercifolia, H. sikokiana, H. arborescens* und *H. anomala* auch Arten wieder, die wir aus der Cornidia-Sektion kennen.

Zurzeit sind verschiedene Versionen einer schematischen Klassifizierung der Gattung *Hydrangea* im Umlauf. Für alle gibt es Befürworter und Gegner. Ich möchte mich hier auf eine vereinfachte Systematik beschränken, die nicht den Anspruch erhebt, allein gültig zu sein. Über die in der folgenden Übersicht nummerierten Arten werden Sie in diesem Buch noch weitergehende Informationen finden. Die nicht nummerierten Arten sind für unsere Gärten ungeeignet oder hier nicht erhältlich.

H. paniculata 'Unique'

Gattung Hydrangea

Sektion 1 Hydrangea

Subsektion 1 Hydrangea

Art: 1. H. aborescens, 2. H. quercifolia

Subsektion 2 Asperae

Art: H. involucrata, 4. H. aspera, 5. H. villosa, H. sikokiana

Subsektion 3 Calyptranthae

Art: 6. H. anomala

Subsektion 4 Petalanthae

Art: 7. H. hirta, 8. H. scandens

Subsektion 5 Heteromallae

Art: 9. H. heteromalla, 10. H. paniculata

Subsektion 6 Macrophyllae

Art: 11. H. macrophylla, 12. H. serrata

Sektion 2 Cornidia

Subsektion 1 Monostegia

Art: 13. H. seemannii, 14. H. integrifolia, H. asterolasia, H. oerstedtii, H. peruviana, H. diplostemona, H. preslii, H. steyermarkii

Subsektion 2 Polystegia

Art: 15. H. serratifolia, H. tarapotensis, H. jelskii, H. matthewsii

In diesem Schema werden sowohl *H. macrophylla* als auch *H. serrata* als Arten behandelt. Das basiert u. a. auf einer DNA-Analyse von J. A. Zonneveld (wobei man hierbei das Ausgangsmaterial in Frage stellen kann). Ebenfalls basierend auf dieser Untersuchung wird *H. villosa* als Art aus *H. aspera* aussortiert.

Bei *H. serrata* wird eine Unterart (Subspezies) *yezoensis* unterschieden, die im Norden von Honshu und im Süden von Hokkaido (Yamamoto) natürlich vorkommt. Auf Hallasan in Süd-Korea gibt es ebenfalls Bestände, die dieser Unterart sehr ähneln und mit ihr verwandt zu sein scheinen. Der Status von Subspezies *yezoensis* bedarf m. E. einer weiteren Untersuchung. Möglicherweise muss sie dann zu einer Art aufgewertet werden. In diesem Buch werden wir jedoch bis auf weiteres subsp. *yezoensis* als Unterart behandeln.

Hydrangea 'Bouquet Rose' (rechts)

H. paniculata 'Floribunda' (Seite gegenüber)

Shamrock

In Varengeville-sur-Mer, etwa zehn Kilometer südlich von Dieppe in Frankreich, gibt es eine einzigartige Hydrangea-Sammlung: den Hortensiengarten Shamrock, das Lebenswerk von Corinne und Robert Mallet. Ungefähr 1500 Exemplare kann man hier in voller Schönheit bewundern.

Corinne Mallet

1984 begann Corinne Mallet mit der Sammlung von Hortensien. In kürzester Zeit wurde die Kollektion Treffpunkt für Liebhaber und professionelle Hortensiensammler aus Frankreich und der ganzen Welt. 1992 publizierte sie gemeinsam mit Robert Mallet und meiner Wenigkeit die erste Monografie über Hortensien unter dem Titel „Hortensien und andere Hydrangeas“, der weitere Hortensienbücher folgten. Im gleichen Jahr machte Corinne Mallet ihre erste Reise nach Japan.

1993 folgte eine weitere, größere Japanexpedition. Zwei Monate lang tauchte sie auf der Suche nach wilden Hortensien völlig in der Natur unter. Hierzu ermutigt wurde sie auch durch Meister Yamamoto, den berühmten japanischen Kenner von Hortensien, der sie als seinen Lehrling bei sich aufnahm. Noch im gleichen Jahr kam die Kollektion an ihren heutigen Ort, und Shamrock öffnete seine Pforten für die Öffentlichkeit und empfing viele begeisterte Besucher.

Weitere Expeditionen in das Land der aufgehenden Sonne folgten 1994, 1996 und 2000. Corinne Mallet veröffentlichte weitere Bücher über Hortensien und vergrößerte durch ihre zahlreichen Kontakte zu Spezialisten aus der ganzen Welt ihre Sammlung immer mehr. 1999 wurde die Sammlung in Conservatoire Francais des Collections Végétales Spécialisées (CCVS) aufgenommen – die Vereinigung dient dem Ziel, die Artenvielfalt zu erhalten.

Unmerklich wurde der Garten stetig vergrößert, um der noch immer anwachsenden Sammlung die Möglichkeit zu geben, sich zu entwickeln. Inzwischen gibt es auch einen Förderverein, die Freunde von Shamrock, die den in Europa einzigartigen Hortensiengarten unterstützen.

Corinne Mallet ist eine begeisterte Hortensienliebhaberin. Ihr Einsatz, der manchmal schon an Fanatismus grenzt, machte sie innerhalb der zurückliegenden Jahre zur international anerkannten Spezialistin auf diesem Gebiet. Ein Besuch des Hydrangea-Gartens Shamrock in Varengeville-sur-Mer ist für Liebhaber ein Muss und für mich ein jährliches Vergnügen.

Hydrangea 'Shamrock' ist eine Züchtung von Robert und Corinne Mallet (Shamrock, Varengeville-sur-Mer). Der üppige Strauch mit den schirmförmigen Blüten wird bis zu 2 m hoch und ebenso breit. Die fruchtbaren ebenso wie die sterilen Blüten sind je nach pH-Wert des Bodens kräftig rosa bis blau gefärbt. Auffällig sind dabei die großen Kelchblätter der sterilen Blüten, die in Kreisen von mindestens drei Kelchblättern gemeinsam eine vollständig gefüllte Randblüte bilden. Die Größe der Kelchblätter wird von außen nach innen hin zum innersten Ring kleiner. Achtet man noch auf die auffällig dunklen Blütenstiele, erkennt man die Schönheit von *Hydrangea* 'Shamrock'.

Hydrangea 'Shamrock'

Die verschiedenen Hortensien-Arten

3

In diesem Kapitel möchte ich Ihnen die Arten und botanischen Varietäten vorstellen, die in unseren Breiten als Zierpflanzen für Gärten vermehrt werden. Wir können daher die Sektion Cornidia fast völlig außer Acht lassen. Die Reihenfolge geht aus der vorgestellten Systematik hervor, innerhalb der Arten gehe ich alphabetisch vor. Unter dem botanischen Namen finden Sie außerdem oft noch den japanischen Namen der betreffenden Art.

Sektion Hydrangea

Subsektion Hydrangea (Americanae)

1 *Hydrangea arborescens*
Linnaeus

Circa 1730 entdeckte Clayton in Virginia (USA) eine Pflanze, die Gronovius *Hydrangea* benannte. Diese Pflanze war eine *H. arborescens*, den Namen übernahm Linnaeus später für die ganze Gattung. Soweit bekannt, war sie auch die erste Hortensie, die nach Europa eingeführt wurde, bestimmt wurde sie 1736 durch Peter Collins.

Als ursprüngliches Verbreitungsgebiet können wir den Osten von Nordamerika lokalisieren, südlich des Bundesstaates New York. Ihre natürliche Umgebung sind Wälder, in denen *H. arborescens* als Ausläufer bildender Strauch lebt. Manchmal bedeckt sie ganze Flächen mit ihrem buschigen Wuchs.

H. paniculata 'Dharuma'

Merkmale: Absolut winterharter, Laub abwerfender Strauch, der zuverlässig am einjährigen Holz blüht. Er wird gut 1 m hoch, in seltenen Fällen bis zu 3 m. In unseren Gärten erreicht er 1 bis 1,5 m.

Der typische Blütenschirm besteht aus einer Vielzahl von fruchtbaren Blüten und einigen größeren sterilen Blüten, die den Rand bilden. Der mittlere Durchmesser des Blütenstandes liegt bei zehn Zentimetern, was aber je nach Sorte variiert. Die grünen Blätter weisen eine feine Textur auf, sie sind ei- bis herzförmig mit scharf gezähnten Blatträndern und werden 5 bis 15 cm breit und 7 bis 15 cm lang. An Hand der jeweiligen Blattunterseiten unterscheidet man die verschiedenen Unterarten von *H. arborescens*.

Unterarten: Subspezies *discolor* ist eine Unterart, die durch eine hellgraue Behaarung auf der Blattunterseite gekennzeichnet ist. Über die Einordnung dieser Unterart gibt es durchaus Meinungsverschiedenheiten, unter anderem auch, weil subsp. *discolor* im Ganzen gelblich grün erscheint, was zu der falschen Annahme führen könnte, es handle sich um eine Mangelerscheinung.

Äußerst typisch für Subspezies *radiata* ist die starke silbrige Behaarung auf der Blattunterseite. Der Blütenstand dieser Unterart besitzt deutlich mehr sterile Blüten als die Art. Gleichzeitig schreibt Dirr, sei die Pflanze deutlich weniger beständig gegen Hitze und Trockenheit. Das kann ich persönlich nicht bestätigen. Meiner Erfahrung nach ist sie eine ausgesprochen attraktive Gartenpflanze, die durch ihre weißen Blüten und ihre recht großen Blütenstände auffällt. Die silbernen Unterseiten der Blätter sind besonders bei windigem Wetter ein attraktiver Pluspunkt.

Sorten: Vor allem in letzter Zeit sind einige neue Sorten von H. *arborescens* auf den Markt gekommen. Die beliebteste Sorte in unseren Gärten ist aber immer noch 'Annabelle'.

'Annabelle' wurde von J.C. McDaniel (Universität von Illiois, USA) entdeckt und benannt. Die extrem großen Blütenstände, mit einem Durchmesser von mehr als 30 cm, bestehen überwiegend aus sterilen Blüten, die einen Durchmesser von circa 8 mm haben. Einerseits sind die großen, weißen Blütenkugeln der wichtigste Grund für die Popularität dieser Sorte, andererseits stellen sie in Kombination mit den etwas schwachen Blütenstängeln auch ihren größten Nachteil dar. Bei feuchtem Klima biegen sich die nassen Blütenkugeln unter dem Gewicht von Blüten und Wasser zum Boden. Der Strauch fällt auseinander und sieht dann unansehnlich aus. Gefördert wird diese Erscheinung noch durch das bei uns übliche jährliche Zurückschneiden. Es hilft, den jährlichen Rückschnitt nur noch bis auf Kniehöhe durchzuführen. Lassen Sie einfach das ältere Holz als Gerüst für die jüngeren Zweige stehen. Die Blütenstände werden dann vielleicht etwas kleiner bleiben, aber Sie erhöhen damit die Standfestigkeit der Pflanze. Sie erreichen diesen Effekt auch, indem Sie die Pflanzen mit niedrigen Buchsbaumhecken umranden oder mit anderen Pflanzen kombinieren, die dann buchstäblich das Rückgrat bilden. 'Annabelle' benötigt in jedem Fall etwas mehr Aufmerksamkeit, um im Garten ihre volle Schönheit auch zeigen zu können.

'Eco Pink Puff', diese traumhafte Hortensie hat fruchtbare, hellrosafarbene Blüten, die sich aus dunkelrot-purpurnen Knospen öffnen. Im Blütenstand gibt es fast ausnahmslos fruchtbare Blüten, was in diesem Fall keinen Nachteil darstellt. Entdeckt und benannt wurde sie durch Don Jacob

H. arborescens 'Eco Pink Puff'

H. arborescens 'Grandiflora'

H. arborescens 'Annabelle'

H. arborescens 'Picadilly'

H. arborescens 'Pink Pincushion'

(Eco Gardens, Decatur, Georgia, USA). In meiner eigenen Sammlung steht unter der Bezeichnung EPP 103 eine Pflanze dieser Sorte. Es ist ein sehr niedriger, ausladender Strauch, der farblich sowohl in der Knospe als auch in der Blüte für *H. arborescens* eine Bereicherung darstellt. Sie ist noch dunkler in der Knospe als die bekanntere 'Pink Pincushion'.

'Grandiflora' könnte man als den Vorgänger von 'Annabelle' bezeichnen. Sie wurde Ende des 19. Jahrhunderts in der Nähe von Ohio entdeckt und auch mit dem Namen 'Hills of Snow' bezeichnet. Die kugeligen Blütenstände sind kleiner und etwas unregelmäßiger, dafür sind die Blütenblätter der sterilen Blüten etwas größer. Auch bei dieser Sorte lassen eine Vielzahl von schweren Blüten auf schwachen Trieben die Pflanze etwas auseinanderfallen. Sie können 'Grandiflora' auch ausgezeichnet in großen Gruppen pflanzen, dann entwickelt sie dank ihrer Ausläuferbildung eine natürlich gewachsene, kompakte Gruppe.

'Hayes Starburst' ist eine Sorte, die ebenfalls stark 'Annabelle' ähnelt, aber mit doppelten Blüten, also zwei Kreisen von Kelchblättern. Sie ist erst seit Kurzem im Handel erhältlich. Ihre Blätter sind schmal, oval, glänzend grün, mit stark gezähnten, gewellten Rändern. Dirr beschreibt in seinen Publikationen diese Pflanze sehr positiv, meine persönlichen Erfahrungen in meinem Garten sind jedoch wenig ermutigend. Vor allem die gewünschte Wuchsform lässt zu wünschen übrig. Wie 'Annabelle' und 'Grandiflora' fällt dieser Strauch stark auseinander. Als spontaner Sämling wurde er im Garten von Hays Jackson (Anniston, USA) entdeckt.

'Picadilly' nannte Dirr 2002 eine Sorte, die ausschließlich sterile Blüten und dunkelgrüne Blätter trägt. Diese standfeste Pflanze passt ausgezeichnet in jeden normalen Garten. Die Blüten sind eher unauffällig, ihre zurückhaltende Schönheit fällt erst bei näherem Hinsehen auf. Eine Hortensie mit Stil, aber sicherlich nicht für den breiten Geschmack.

H. arborescens 'Samantha'

'Pink Pincushion' hat hellrosa bis fast weiße Blüten, die sich aus rosa Knospen öffnen. Einzelne rosaweiße sterile Blüten umgeben den Blütenschirm, der hauptsächlich aus fruchtbaren Blüten besteht. 'Pink Pincushion' gehört zu subsp. *discolor*. Eingeführt durch *Wilkerson Mill Gardens* (Palmetto, Georgia, USA), war sie die erste Pflanze mit rosafarbigen Blüten.

'Samantha' gehört eindeutig zu subsp. *radiata*. Ihr Blütenstand, der einen Durchmesser von 10 bis 15 cm erreichen kann, besteht aber aus sterilen Blüten. Die Kombination von weißen Blütenkugeln und den silbrig schimmernden Blattunterseiten macht 'Samantha' in der Blütezeit zu einer edlen Schönheit. Sie ist eine meiner absoluten Favoritinnen und ein Muss für jeden Hortensienliebhaber. In meinen Augen die perfekte Alternative zu 'Annabelle' mit dem zusätz-

H. arborescens subsp. *discolor*

lichen Vorteil der attraktiven Blätter. Entdeckt wurde sie durch Clarence Towe in einem Garten in Südcarolina (USA).

'Sheep Cloud' ist eine Züchtung von Rein und Marc Bulk aus Boskoop in den Niederlanden. Die Sorte hat mindestens ebenso große Blütenkugeln wie 'Annabelle', allerdings bleibt sie in meinem Hortensiengarten selbst nach starkem Regen ausgesprochen standfest. Die Triebe mit den schweren Blütenständen werden leicht 1,5 m hoch, oft auch höher. Sie sind deutlich dicker als die von 'Annabelle'. Vielleicht ist das die Pflanze, die die Nachfolge von 'Annabelle' antreten kann?

'Sterilis' gehört zur Unterart subsp. *discolor*. Sie ist ebenfalls eine echte Alternative zu 'Annabelle'. Ihre Blütenkugeln sind etwas kleiner, wodurch die Pflanze stabiler aufrecht bleibt. An der Basis der Hauptblütenkugel sieht man weitere kleinere Blütenkugeln, die dem Blütenstand insgesamt ein wenig das Aussehen eines Blumenkohls verleihen. Obwohl diese Form schon 1840 durch Torrey und Gray in Pennsylvania (USA) gefunden und beschrieben wurde, ist sie bis zum heutigen Tag nicht sehr verbreitet.

Ich bin ein großer Liebhaber von *H. arborescens*, das gilt für fast alle Formen, vielleicht mit Ausnahme von 'Annabelle'. Letzteres, weil diese Dame in unseren Gärten häufig an passender, aber vor allem viel zu oft an unpassender Stelle gepflanzt wird. Und wie immer: Zu viel ist einfach zu viel. In der letzten Zeit setzt sich jedoch ein neues Bewusstsein durch. Man wird sich der enormen Vielfalt von *H. arborescens* bewusst. Es werden auch noch weiterhin Neuheiten auf den Markt kommen, die diesem Stimmungswandel Rechnung tragen. Wir sind gespannt!

H. arborescens 'Sheep Cloud'

H. arborescens 'Grandiflora'

H. quercifolia 'Snow Queen'

2 *Hydrangea quercifolia*
WILLIAM BARTRAM

Auch die Einführung dieser Art haben wir dem schon erwähnten Peter Collins zu verdanken. Dieser Londoner Händler hatte wirklich ein Gespür für neue Pflanzen aus dem noch nicht leicht zugänglichen Nordamerika. Er schloss einen Vertrag mit John Bartram, einem Pflanzenjäger des 18. Jahrhunderts, der Pflanzen und Samen für den englischen Markt sammelte. John Bartram war es auch, der zusammen mit seinem Sohn William in Georgia (USA) die Eichenblättrige Hortensie, *H. quercifolia* entdeckte. 1803 kam die Pflanze nach Europa. Ihr ursprüngliches Verbreitungsgebiet liegt im Südosten der Vereinigten Staaten und reicht von Georgia über Nordwestflorida, Louisiana und Nord- bis Zentraltennessee weiter bis Alabama und Missisippi. Sie wächst, oft in einer Pflanzengemeinschaft mit *H. arborescens,* in Waldgebieten. Ihr normales Habitat sind reiche Wälder, Böschungen und Schluchten mit einem konstant feuchten, durchlässigen Boden.

Merkmale: Am auffälligsten ist natürlich die Blattform, die mit der Blattform der amerikanischen Eiche, *Quercus rubra,* verglichen wird. Die Blätter sind groß, manchmal bis zu 20 cm lang bei einer Breite von 14 bis ebenfalls 20 cm oder mehr. Ungewöhnlich sind die drei bis fünf Lappen, die breit und gezähnt sind. Die Blattfarbe ist dunkelgrün, aber im Herbst verfärbt sich das Laub ausgesprochen dekorativ in Schattierungen von goldgelb bis purpurrot. Durch die unterseitige Behaarung zeigen sie dann randwärts wiederum einen silbergrauen bis graugrünen Ton. Kurzum – selbst ohne Blüte ist diese Pflanze eine Bereicherung für jeden Garten. Der rispenförmige Blütenstand setzt sich aus fruchtbaren und sterilen Blüten zusammen und ist 10 bis 30 cm lang und 7 bis 10 cm breit. Gegen Ende der Blütezeit nehmen die sterilen Randblüten einen wunderbaren rosa bis purpurrosa Farbton an.

H. quercifolia

H. quercifolia 'Applause'

H. quercifolia 'Burgundy'

Sorten: Es gibt eine Reihe von benannten Sorten, wobei allerdings einige Unterscheidungen nicht der Rede wert sind. Außerdem variieren einige der amerikanischen Sorten vor allem in der Herbstfärbung, die bei den dortigen klimatischen Verhältnissen eine wichtige Rolle spielt. In unseren Breiten fehlt ein solch langer Herbst und daher treten diese Merkmale viel weniger auf. Eine Auswahl der schönsten und interessantesten Sorten sehen Sie hier:

'Applause' ist eine ältere Züchtung, die aber erst 1980 durch Rein und Marc Bulk (Boskoop, Niederlande) einen Namen erhielt. Sie ähnelt der bekannteren 'Snow Queen', hat aber etwas gefingerte Blätter.

'Back Porch' ist eine früh blühende Sorte mit großen Blütenrispen und breiten sterilen Blüten, die sich rosa verfärben. Sie ist vor allem aufgrund der frühen Blüte interessant. Eingeführt wurde sie durch die Lousiana Nursery (USA).

Snow Flake™ ('Brido') bietet ein etwas unruhiges Erscheinungsbild, gleicht das aber aus durch außergewöhnlich schöne Blütenrispen mit zahlreichen sterilen Blüten zwischen den zurückhaltenden fruchtbaren Blüten. Eine spektakuläre Schönheit, deren schwache Stängel jedoch Mühe haben, die schweren Blütenrispen zu tragen. Geben Sie ihr einen windstillen, geschützten Platz und stützen Sie sie, wenn nötig. Snow Flake™ ('Brido') ist eine Züchtung der Snowflake Nursery (Alabama, USA) und kam 1960 durch die Aldridge Nursery nach Europa.

Bei Sorten, für die zwei Namen angegeben werden, ist der offizielle Name derjenige, der zwischen den Anführungsstrichen steht. In der Praxis wird dieser jedoch häufig durch den Handelsnamen ersetzt, der vom Zeichen ™ oder ® begleitet ist und nach den allgemeinen Regeln einen Teil des Sortennamens bildet. In der wissenschaftlichen Literatur wird der Handelsname zur Unterscheidung oft in Kapitälchen geschrieben. Um Ihnen das Auffinden von Sorten oder den Kauf zu erleichtern, haben wir jeweils beide Namen der Sorten aufgenommen.

'Burgundy' ist eine alte niederländische Züchtung, die erst 1995 von Rein und Mark Bulk benannt wurde. Sie hat große, ausladend gelappte Blätter, die auch bei uns im Herbst eine wunderschöne rosarote bis purpurrote Färbung zeigen. Die Blütenrispen werden beim Verblühen zartrosa.

Snow Queen™ ('Flemygea') bildet einen wohlgeformten Strauch und macht damit manch

H. quercifolia 'Ice Crystal'

anderem Strauch Konkurrenz. An den aufrechten Trieben sitzen bis zu 30 cm lange, gerade Rispen. Nur in völlig geöffnetem Zustand neigen sich die Zweige etwas unter dem Gewicht der Blütenstände. Auch diese Blüten verfärben sich beim Verblühen leicht rosa. Das Herbstlaub überzeugt durch seine tief rostrote Verfärbung. Oprins Plant (Rijkevorsel) vermehrt diese Form durch Gewebezucht, was zu stärker verzweigten Pflanzen führt. Nach Europa eingeführt durch Princeton Nurseries (USA).

'Harmony' hat Rispen, die fast ausschließlich aus sterilen Blüten bestehen. Durch ihre enorme Größe von 20 cm Breite und eine Länge von bis zu 30 cm sind sie zu schwer für die Stängel und es passiert das Unvermeidliche: In voller Blüte legen sich die Blütenrispen auf die Erde mit all den unansehnlichen Folgen. Einzige Lösung ist, die Zweige eine Zeit lang zu stützen. Eine stabile Pflanze heranzuziehen ist nicht einfach. Entdeckt wurde die Sorte durch TH. A. mcDaniel auf einem Friedhof in Alabama (USA).

'Ice Crystal'® fällt durch ihre stark eingeschnittenen Blätter auf. Sie wurde durch Hayes Jackson in Alabama entdeckt und benannt. 2008 brachte Oprins Plant sie in den Handel. Die wohlgeformten Blütenrispen sind fantastisch, besonderes Alleinstellungsmerkmal ist aber ihre aparte Blattform. Auch 'Ice Crystal'® verfärbt sich zum Herbst hin.

'Little Honey' ist eine Mutante der Zwergform 'Pee Wee'. Die kleine, unscheinbare Hortensie trägt zart grüngelbe Blätter, die goldgelb changieren und während der gesamten Saison diese Farbe behalten. Sie wird im Allgemeinen als Topfpflanze gezogen. Entdeckt wurde sie durch Peter Catt in England.

Die Eichenblättrige Hortensie, *H. quercifolia,* ist eine Pflanze, die alleine schon wegen der attraktiven Blätter in jedem Garten einen Platz verdient. Im Frühjahr überraschen uns die zart graugrünen jungen Triebe und im Herbst begeistert das rostrote Farbspiel des Laubes jeden Pflanzenliebhaber. Eigentlich bevorzugt diese prachtvolle Hortensie einen halbschattigen Standort, aber ich wähle für *H. quercifolia* lieber einen etwas sonnigen Platz, der jedoch Schutz vor zu starkem Wind und großer Kälte bietet: Auch soll er am besten feucht sein, aber gut durchlässig. Machen Sie sich die Freude, in der Baumschule oder Gärtnerei die für Ihren Garten passende Farbe selbst auszusuchen. Für einen formalen Garten ist Snow Queen™ wahrscheinlich die beste Wahl.

Subsektion Asperae

3 *Hydrangea involucrata* Von Siebold (Japanischer Name: Tama-Ajisai)

Die Geschichte dieser japanischen Art nachzuvollziehen, ist nicht leicht. Wir wissen sicher, dass von Siebold gemeinsam mit Zuccarini ihr 1839 ihren Namen gab und sie nach Europa brachte. In seiner „Flora Japonica" beschreibt von Siebold sie als in japanischen Gärten weit verbreitete Pflanze. Wir können also davon ausgehen, dass sie schon sehr lange eine Rolle in der japanischen Gartenkunst spielt.

Als ursprüngliches Verbreitungsgebiet und Lebensraum der *Hydrangea involucrata* nennt Jisaburo Ohwi die sonnigen Felsen und offenen Bergwälder von Honshu, Shikoku und Kyushu (1965). Takeomi Yamamoto spricht von Zentral-Honshu (1994). Von Siebold lokalisiert die Insel Nippon und Shikoku als Verbreitungsgebiet (1870). Dirr nennt wiederum Japan und Taiwan (2004). Am detailliertesten ist Takeomi Yamamoto in seinem Werk „The Japanese Hydrangeas Color Guide Book": „Die Tama-Ajisai sind beheimatet im Gebiet Gifu-ken, im Gebiet Chubu im Kantoh, südlich von Fukushima. In Kansai wachsen sie nicht. Auf Kuroshima, im Archipel von Tokara wächst eine vom Aussterben bedrohte Form von Tama-Ajisai." Man sieht, das Verbreitungsgebiet dieser Art lässt sich nicht klar umreißen. Belassen wir es hierbei.

Ein absolut charakteristisches Merkmal dieser Art gibt es, das sie von allen anderen der Gattung Hydrangea unterscheidet – die Blütenknospe. Diese wird vollständig von einer Gruppe von Tragblättern (Brakteen) umschlossen, dem sogenannten Involucrum. Hieraus leitet sich auch von Siebolds Namensgebung für diese Sorte ab. Die Pflanzen werden normalerweise nicht höher als 1 m, meistens bleiben sie sogar noch niedriger. Ihre länglich spitzen Blätter, die bis zu 15 cm lang werden, sind vor allem auf der Unterseite weich behaart. Blätter, Stängel und Blattstiele sind zusätzlich von borstigen Haaren bedeckt. Der schirmförmige Blütenstand besteht aus mauvefarbigen sterilen Blüten, die von vereinzelt stehenden, fruchtbaren, fast weißen Blüten umringt sind. Am schönsten aber sind die Blütenstände, wenn sich die Knospen öffnen und die erste Farbe zart durch die Tragblätter scheint.

H. involucrata 'Plena'

In Japan gibt es zahlreiche Sorten von *Hydrangea involucrata*. Angesichts der langen Geschichte der japanischen Kulturgärten überrascht das nicht. Aber auch bei uns wächst die Anzahl der erhältlichen Sorten. Hier finden Sie eine Auswahl:

'Hortensis' ist eine verbreitete Sorte, die nur sehr langsam wächst. Der zierliche, kleine Strauch hat dünne Zweige. Seine zart korallenrosafarbigen Blütenstände erinnern in geöffnetem Zustand an Begonien. Ihre sterilen Blüten sind teilweise gefüllt und stehen unregelmäßig ringsum und zwischen den farbigeren fruchtbaren Blüten. Eine recht anspruchsvolle Pflanze, die meines Erachtens besser

H. involucrata 'Late Love'

in Topfkultur als im Garten gehalten wird. 1867 wurde sie von T. Smith nach Europa eingeführt, von Maximowicz erstmalig beschrieben.

'Late Love' ist ein Züchtung von Wim Rutten. Sie ist eine gesunde, mehltauresistente Form mit ausgesprochen ausdauernder Blüte. Daher auch der Name – sie bietet eine bezaubernde Überraschung vom Spätsommer bis zum frühen Herbst und eine willkommene Bereicherung für unsere Gärten.

'Plena' hat gefüllte sterile Blüten, die cremeweiß sind. Sie umstehen die sterilen purpurrosa Blüten. Wiederum eine anspruchsvolle Pflanze, die aber etwas stabiler ist als 'Hortensis'. Sie entwickelt sich zu einem dichten kleinen Strauch und ist in voller Blüte unter anderem durch die langen Blütenstiele der sterilen Blüten so schön.

'Viridescens' unterscheidet sich von der Art *Hydrangea involucrata* vor allem durch ihre sterilen Blüten. Sie sind grün! Hierdurch kontrastieren sie fantastisch zu den violettfarbigen fruchtbaren Blüten im Zentrum. Sie blüht vergleichsweise spät. Entdeckt wurde sie auf der Insel Yakushima.

'Yokudanka' gleicht noch mehr einer Begonie als die soeben genannte 'Hortensis', vor allem weil sie noch rosafarbener ist.

Hydrangea involucrata erntet – wenn sie in voller Blüte steht – von allen Seiten Bewunderung. Das ist allerdings nicht sehr lange im Jahr der Fall, denn sie ist eine anspruchsvolle Pflanze, die immer etwas Extrafürsorge benötigt. Sie ist nicht hundertprozentig frostsicher und ist auch empfindlich gegen Trockenheit.

H. involucrata 'Yokudanka'

Entscheidend für den Erfolg einer Pflanzung ist die Auswahl des geeigneten Standortes.

Da die Mehltauresistenz von Pflanzen, die in Gärtnereien gezogen wurden, sehr zu wünschen übrig lässt, bleibt zu hoffen, dass weitere Züchtungen und botanische Forschungen stabile und weniger empfindliche Pflanzen hervorbringen. Auch eine problemlose Teilung der Pflanzen wäre wünschenswert. Denn wenn Sie einmal dem Charme einer blühenden *Hydrangea involucrata* erlegen sind, werden Sie alles daran setzen, eine solche Pflanze in Ihrem Garten zu kultivieren.

4 *Hydrangea aspera*
D. DON

Die ursprüngliche Beschreibung dieser Art gilt einer Hortensie, die 1825 aus Nepal eingeführt wurde. Später wurde der Name *Hydrangea aspera* auch für Hortensien verwendet, die in West- und Zentral-China sowie in Taiwan vorkommen. Auch Nepal hält höchstwahrscheinlich auf diesem Gebiet noch Überraschungen bereit. Die Frage ist berechtigt, welche Pflanzen nun wirklich zur Art *Hydrangea aspera* gehören.

Die Variabilität von *H. aspera* hat unter Fachleuten zu lebhaften Diskussionen über ihre Klassifizierung geführt. So ist die Aufteilung innerhalb dieses Komplexes noch weiter andauernden Anpassungen unterworfen. Botaniker warten mit Spannung darauf, dass einmal eine alle Formen von *H. aspera* umfassende Studie erscheinen wird, die alle Fragen klärt. Solange wir auf diese Untersuchung noch warten, kann ich nur sehr allgemein eine Reihe von gemeinsamen Merkmalen aufzählen. Als erstes sind da die Abmessungen zu nennen, sowohl die des ganzen Strauches als auch die der Blätter. Auch in unseren Gärten können diese Hortensien bis zu 3 m und höher werden. Auch die Blätter sind durchweg größer als die der anderen kultivierten Arten. Die Länge reicht von 10 bis zu 25 cm, die Breite von 2,5 bis 25 cm. Typisch ist dabei die Behaarung, die vor allem auf der Blattunterseite weich und flaumig ist. Die Blütenschirme tragen eine Vielzahl von sterilen Randblüten um die fruchtbaren Blüten in der Mitte. Ungewöhnlich für Hortensien ist, dass sich die Farbe ihrer Blüten nicht mit dem Säuregrad des Bodens ändert. Blaue Formen bleiben also auch auf alkalischem Boden blau und rosafarbige behalten auch bei einem niedrigen pH-Wert ihre Farbe.

Es gibt einige Sorten, die bis auf Weiteres in diese Art eingeordnet bleiben. Sie sind es allemal wert, hier Beachtung zu finden. Sie tolerieren einen großen pH-Bereich, vertragen durchweg gut Trockenheit (vielleicht mit Ausnahme von subsp. *sargentiana*) und etwas Schatten. Sie sehen hier eine Auswahl interessanter Pflanzen.

H. aspera 'Macrophylla'

H. aspera 'Peter Chappell'

'Kawakami' wird unter vielen Pflanzenliebhabern als die Schönste gehandelt. Sie bildet einen offenen Strauch von circa 2 m Höhe. Aus einigem Abstand betrachtet scheint das Blattwerk gräulich filzig. Ihre sterilen Blüten sind weiß, die mittigen fruchtbaren Blüten lila. Wie ihre Herkunft aus Taiwan erwarten lässt, fühlt sie sich an einem geschützten Platz bei uns am wohlsten. *H. aspera* 'Kawakami' blüht vergleichsweise spät.

'Macrophylla' ist die am häufigsten angebotene Sorte. Sie wächst zu einem Strauch von circa 2 × 2 m heran. Die großen Blätter, die meistens länger als 10 cm sind, sehen durch ihren unregelmäßigen Rand häufig etwas ungepflegt aus. Ihre fruchtbaren Blüten sind violett und werden von lila-weißen sterilen Blüten umringt. Achten Sie darauf, ein sortenreines Exemplar zu bekommen.

'Peter Chappell' bleibt mit 1,5 m etwas niedriger als die meisten anderen Sorten. Im Verhältnis dazu sind die Blätter mit einer Länge bis zu 25 cm wiederum sehr groß. Die Blütenschirme tragen weiße sterile und cremeweiße fruchtbare Blüten. Eine schöne Form, die nach dem bekannten englischen Pflanzenkenner und Gärtner benannt ist. Eingeführt wurde sie durch Maurice Foster (Kent, England).

'The Ditch' wurde durch Peter Chappell 1980 benannt. Die Hortensie bleibt mit ihren gut 1,5 m Höhe vergleichsweise klein und eignet sich daher auch gut für kleinere Gärten. Der Name verweist auf den Fundort, im Graben. Sie blüht wie eine typische *H. aspera*.

Subspezies *sargentiana* beansprucht eine Sonderstellung. Sie wächst ausgesprochen langsam, erreicht jedoch ausgewachsen mehr als 3 m. Zusätzlich zu einer Behaarung von Blatt, Blattstiel und Trieb verfügt diese Hortensie auch über Tentakel. Dadurch bilden sich regelrecht Kletten. Berührt man diese, fühlen sie sich klebrig an. Die Blätter sind circa 20 mal 30 cm groß, was sie anfällig für Beschädigungen durch starken Wind macht. Die Blütenschirme bestehen aus zartlila und lilarosa fruchtbaren Blüten, die von einzelnen hellen, fast weißen sterilen Blüten umringt werden. Die Pflanze stammt aus dem Westen der Provinz Hubei (China) und wurde 1908 von Wilson nach Europa eingeführt. Die Enkelin von S.C. Sargent, nach dem die Hortensie benannt wurde, arbeitete Anfang des 20. Jahrhunderts in dem berühmten Arnold Arboretum als Kuratorin, in dem Wilson Jahre zuvor als Pflanzenjäger gearbeitet hatte. Sie erzählte mir, die Pflanze benötige einen feuchten Standort. Das erklärt vielleicht, warum sie in den heimischen, nähr-

H. aspera 'The Ditch'

stoffarmen Sandböden oft nicht die Schönheit erreicht, die wir von ihr erwarten. Fazit: Geben Sie ihr einen windgeschützten Standort in feuchtem, nährstoffreichem, aber durchlässigem Boden. Die Schönheit eines ausgewachsenen Exemplars ist diese Extramühe wert.

Achtung! Unter dem Namen subsp. *sargentiana* werden im Handel eine ganze Reihe von Pflanzen angeboten, bei denen es sich aber nur um minderwertige Exemplare der einen oder anderen Form von *H. aspera* handelt. Verlässliches Kennzeichen für die Unterscheidung ist die einzigartige Behaarung der echten *H.* subsp. *sargentiana*.

5 *Hydrangea villosa*
REHDER

Schon seit der Einführung dieser Pflanze ist ihr Status fraglich. Dass sie hier als eigene Art behandelt wird, basiert auf einer Studie von Zonneveld („Genome Size in Hydrangea“, veröffentlicht in „Encyclopedia of Hydrangeas“, Seite 145–151). Für eine zeitliche Einordnung begeben wir uns in das beginnende 20. Jahrhundert. Damals führte E. H. Wilson die Pflanze aus dem westlichen Szechuan (China, 1908) ein. Rehder benannte sie. Wilson selbst sagt hierüber: „Durch ihre zarte Behaarung ist sie von verwandten Arten leicht zu unterscheiden“ (d. h. eine Behaarung mit einzelnen, relativ langen Haaren). Man könnte *Hydrangea villosa* als eine etwas feinere Abart von *H. aspera* beschreiben. Ihre Blätter sind etwas kleiner und spitzer, circa 10 bis 15 cm lang und weniger rau behaart. Die großen Blütenschirme haben lilafarbige bis purpurfarbene fruchtbare Blüten und weiße sterile Randblüten. Manchmal sind die Kelchblätter an den Rändern leicht gezähnt.

Ich stelle hier eine Reihe von Sorten vor. Jedoch besteht über die Zuordnung in Fachkreisen eine gewisse Uneinigkeit. So platziert Van Gelderen beispielsweise 'Rocklon' bei *H. aspera*, während Dirr diese Sorte *H. villosa* zuordnet. Dirr erkennt diese auch gar nicht als Art an, sondern identifiziert sie als eine Gruppe innerhalb *H. aspera*. Hier einige Beispiele:

'Anthony Bullivant' entwickelt sich zu einem mittelgroßen, stark verzweigten Strauch. Seine dunklen, dekorativen Blüten machen die Pflanze so attraktiv. Entstanden ist diese Sorte im Stourton House Flower Garden in Wiltshire, England, 1993.

H. villosa 'Anthony Bullivant'

H. villosa 'Mauvette'

'Mauvette' ist die am meisten verbreitete Sorte. Sie bildet einen mächtigen Strauch von ungefähr 2 m Höhe. Großer Pluspunkt ist ihre überreiche Blüte. Während der Blütezeit ist oft der gesamte Strauch von Blüten übersät. Die fruchtbaren Blüten sind purpurfarbig, während die sterilen Randblüten eine lila Farbe zeigen. Der Ursprung dieser Hortensie ist unbekannt, H. J. Grootendorst hat sie benannt. Eingeführt wurde sie 1973 von J. van der Smit (Reeuwijk, Niederlande).

'Rocklon' möchte ich gerne hier platzieren, ihre Behaarung passt am besten zu dieser Art. Zukünftige Forschungen werden vielleicht zu anderen Ergebnissen kommen. Sie hat weiße sterile Blüten, die die lila- bis purpurfarbigen fruchtbaren umgeben. Ihre Kelchblätter sind am Rand gezähnt. Dieser Typ ist manchmal etwas frostempfindlich.

Subsektion Calyptratae

6 *Hydrangea anomala*
D. DON (JAPANISCHER NAME: TSURU-AJISAI)

Diese als Kletter-Hortensie bekannte Art wurde schon 1839 nach Europa eingeführt. Entdeckt wurde sie in den frühen Zwanzigerjahren des 19. Jahrhunderts von Walrich in Nepal. Beschrieben und benannt hat sie dann D. Don 1825. Es ist die einzige kletternde Art aus der Sektion Hydrangea. Natürliche Vorkommen gibt es noch in Japan, Korea, im östlichen Himalaya und in Zentralchina.

Ich möchte hier doch etwas genauer auf die Systematik eingehen. Man kann deutlich zwei Unterarten unterscheiden, subsp. *anomala* und subsp. *petiolaris*.

Subspezies *anomala* ist die weniger kräftige und weniger winterharte von beiden. Georg Forrest entdeckte sie in Westchina, wo sie heute noch vorkommt. Ebenso findet man sie auch in Assam, Sikkim und Nepal. Genau diese Unterart ist es, die D. Don benannt und beschrieben hat. Innerhalb dieser Unterart, deren Blütenstände durch gelbliche fruchtbare Blüten und einzelne weiße Randblüten gekennzeichnet sind, gibt es wiederum weitere Typen.

Diese Unterart erwies sich im Winter 2006/2007 in meiner Kollektion als immergrün. Besonders attraktiv ist auch die purpurrote Winterfärbung, die das Blatt dann annimmt. Die Blätter sind allerdings dünn, daher benötigt die Pflanze zusätzlichen Schutz. Sie wächst gut, aber weniger schnell als die bekanntere subsp. *petiolaris*.

Subspezies *petiolaris* ist die Unterart, die jeder unter dem Namen Kletter-Hortensie kennt. Ein Kletterer, der sich durch kurze, kraftvolle Haftwurzeln an jeder Oberfläche festhält. Aber aufgepasst: Die untersten circa 40 cm der Stängel bilden keine Haftorgane aus! Darum kann eine erste Rankhilfe nützlich sein. Die Kletter-Hortensie hat unterschiedlich große, ovale Blätter mit gezähnten Rändern, die sie im Winter abwirft. Ihre Blütenschirme bestehen aus fruchtbaren und sterilen weißen Blüten. Entdeckt wurde sie in Japan. Die Unterschiedlichkeit der Blätter hat zu einer Anzahl von Züchtungen geführt.

'Brookside Littleleaf' ist eine Miniaturform mit kleinen runden Blättern. Eventuell ist diese Sorte identisch mit 'Cordifolia'. Perfekt geeignet für kleinere Gärten.

Miranda™ ('Firefly') hat Blätter mit gelbgrünem Rand. Sie ist etwas für Menschen, die zweifarbige Blätter lieben, ein Phänomen, das bei Hortensien eher selten auftritt. Diese Pflanze wächst vergleichsweise langsam. Aus den USA kam sie nach Europa durch die bekannte Spring Meadow Nursery (Michigan).

Subsektion Palanthae

7 *Hydrangea hirta*
(Thunberg) Von Siebold
(Japanischer Name: Ko-ajisai)

Obwohl diese Art schon 1784 durch Thunberg als *Viburnum hirtum* in „Flora Japonica“ und 1828 durch von Siebold in seiner „Flora“ beschrieben wurde, gibt es wahrscheinlich zurzeit keine Hortensien-Art, über die Liebhaber und Gärtner mehr diskutieren. Es sind nämlich im Handel verschiedene Arten unter diesem Namen im Umlauf, aber welche ist nun die echte? Die Variabilität innerhalb einer Art macht die Sache auch nicht einfacher.

Das ursprüngliche Verbreitungsgebiet wird durch McClintock folgendermaßen beschrieben:

H. villosa

H. anomala subsp. *petiolaris*

Sie kommt vor in Mischwald bei Honshu, Japan, Okinawa, in Ryukyu, Japan, in Höhen von 200 bis 1000 m. Ohwi spricht von Vorkommen auf Honshu (Kanto und westwärts) und Shikoku. Takeomi Yamamoto berichtet über Vorkommen in den Bergen von Kantoh bis Kyushu.

Wichtigstes Unterscheidungsmerkmal dieser Art ist das Fehlen von sterilen Blüten in den Blütenständen sowie ihre Blattform. Diese erinnert an eine Brennnessel. Die Pflanze wird maximal 1,5 m hoch und trägt blaue bis zartrosa Blüten. Yamamoto berichtet auch von weißen Blüten, diese sind aber seltener.

H. hirta verdient eine größere Bekanntheit, und sei es nur wegen ihrer wilden Erscheinung und ihres feinen Dufts. In einigen Publikationen wird von einer schwierigen Anzucht gesprochen. Das kann ich nicht bestätigen. In meiner Kollektion fühlt sich *H. hirta* auf einem einigermaßen geschützten Platz ausgesprochen wohl. Selbst auf der Nordseite eines Gebäudes wächst und gedeiht sie.

Wir können zusammenfassen, dass *H. hirta* in der Systematik der Gattung Hydrangea eine weitgehend ungesicherte Position bekleidet. Angesichts der Fotos, die in Japan entstanden sind, bleiben auch bei mir Zweifel, ob *H. hirta* richtig eingeordnet ist.

Der Blütenschirm von *H. hirta* besteht ausschließlich aus fruchtbaren Blüten.

8 *Hydrangea scandens*

Seringe (Japanischer Name: Gaku-Ajisai)

Auch wenn diese Art ihren Namen erst 1830 erhielt, so ist die Geschichte der Pflanze in Europa doch schon ein Stück älter. Wir finden die Pflanze erstmalig in der J. E. Smith-Sammlung des Linnaean Herbarium in London unter der Bezeichnung *Viburnum scandens*. Als solche ist sie 1784 beschrieben worden. Auch bei Thunberg (1784) und von Siebold (1829) taucht sie auf, allerdings unter den Namen *Viburnum virens* und *Hydrangea virens*.

Hydrangea scandens ist eine sehr variantenreiche Pflanze, die im Westen und Südwesten von China, in Taiwan sowie auf den Philippinen, in Japan und Ryukyu vorkommt. Bei einem so weitreichenden Verbreitungsgebiet und einer damit einhergehenden großen Vielfalt der Erscheinungsformen haben sich mehrere Unterarten und Sorten herausgebildet. Ja, man gliedert sogar Arten wie *Hydrangea lobbii* aus. Es wird noch einige Forschung auf diesem Gebiet nötig sein, um die Art taxonomisch richtig einzuordnen und zu gliedern.

Inzwischen kommt *Hydrangea scandens* mehr und mehr in den Handel. Mit ihren wunderschönen dunkelgrünen Blättern ist sie schon alleine als Blattpflanze attraktiv. Die Blütenschirme sind eher klein, aber dafür ist sie die einzige Art, deren fruchtbare Blüten einen Hauch von Gelb zeigen. Am deutlichsten wird das im Knospenstadium. Ob sie ausreichend winterhart ist, hängt insbesondere von der Herkunft ab. Ich nenne hier in Kürze die im Handel angebotenen Unterarten und Sorten.

H. scandens subsp. *chinensis* fo. *angustipetala*

H. scandens subsp. *chinensis* fo. *obovatifolia*

Subsp. *chinensis* wird auch manchmal unter dem Namen *H. lobbii* angeboten. Diese filigrane Hortensie ist weit verbreitet, daher gibt es mit Sicherheit auch winterharte Formen. Die als *H. lobbii* angebotenen Exemplare sind das aber auf jeden Fall nicht. Ihre Blätter sind schmal, länglich und glänzend dunkelgrün. Die Blütenschirme haben vereinzelt sterile Blüten, weiß bis zartrosa, mit vier Kelchblättern. Sie kommt vor in weiten Teilen von China, den Philippinen, Ryukyu und Myanmar.

Subsp. *chinensis* fo. *angustipetala* hat längliche Blätter mit scharfen Zähnen an den Blatträndern. Ihre Blüten sind cremefarben mit einem Stich gelb. Sie stammt aus Taiwan.

Subsp. *chinensis* fo. *formosana* ist ein attraktiver, niedrig bleibender Strauch mit schmalen, fast weidenartigen Blättern. Ihre cremefarbenen sterilen Blüten verfärben sich später etwas gelblich. Ihre Heimat ist das südliche Taiwan.

Subsp. *chinensis* fo. *macrosepala* ist eine Form mit schmalem weidenartigen Blatt und cremefarbenen sterilen Blüten, die später weiß werden.

Subsp. *chinensis* fo. *obovatifolia* trägt behaarte Blätter und weiße Blüten, die sich später gelblich verfärben. Sie stammt aus dem nordöstlichen Taiwan. In meiner Hortensienkollektion hat sie auch ohne Schutz den Winter 2006/2007 gut überstanden.

'Kontegiri Ki Nakafu' entwickelt sich zu einem kleinen Strauch, der auf dem Boden aufliegt und weiße Blüten trägt. Seine Blätter sind zweifarbig, aber sehr unregelmäßig. Mit der Zeit bilden sich immer mehr einfarbige Blätter. Das bizarre Pflänzchen hat in meinem Hortensiengarten den Winter 2006/2007 ebenfalls ohne Winterschutz gut überstanden.

Im Hintergrund: *H. heteromalla* 'Dumicola' als kleiner Baum.

Subsektion Heteromallae

9 *Hydrangea heteromalla*
D. Don

In Nepal wurde 1821 von Wallich die Pflanze ausgegraben, auf die D. Don 1825 die Beschreibung dieser Art bezog. Das führte in der Monografie von McClintock zu einer ganzen Reihe von Synonymen. Eine Erklärung hierfür ist, dass diese Art in ihrem natürlichen Lebensraum sehr weit verbreitet ist und daher ganz natürlich ein breites Spektrum an vielfältigen Erscheinungsformen entstand. Das betrifft die Statur der Pflanzen, ihre Form, ihre Größe und die ihrer Blätter. Das Verbreitungsgebiet von *H. heteromalla* umfasst den Himalaya, große Teile von Zentral- und Westchina, Yunnan und Vietnam. Sie wächst in Mischwäldern und offenen Landschaften.

Pflanzen dieser Art entwickeln sich zu einem hohen Strauch oder sogar einem kleinen Baum. Auch in unseren Breiten ist eine Höhe von 6 m nicht ungewöhnlich. Von weitem betrachtet hat sie viel von der japanischen *H. paniculata*, erscheint aber etwas gröber. Doch wie schon erwähnt, innerhalb dieser Art gibt es ein breites Spektrum. Was immer gleich bleibt, sind die schirmförmigen Blütenstände, mit zahlreichen weißen fruchtbaren Blüten, umringt von ausdauernden sterilen Blüten. Diese sind weiß, können sich aber wunderbar rosa verfärben.

Die variantenreiche Art brachte eine ganze Reihe von Sorten hervor, die benannt wurden. Doch deren Verfügbarkeit im Handel ist nur mäßig zufriedenstellend. Wir beschränken uns daher auf Sorten, die bei uns erhältlich sind, wenn man sich auf die Suche macht.

'Bretschneideri' wurde als Art beschrieben und wird jetzt als Sorte betrachtet. Sie bildet einen großen Strauch oder kleinen Baum und ähnelt sehr der Art. Ihre Rinde blättert bei jüngeren Pflanzen ab.

'Dumicola' wurde früher einmal als Varietät betrachtet (var. *dumicola* W.W. Smith), die Unterschiede zwischen Varietät und Sorte betrachten wir inzwischen aber als verschwindend gering. 'Dumicola' ist gut geeignet, sie zu einem kleinen Baum zu erziehen, da sie sich im unteren Bereich wenig verzweigt.

'Gidie' wird ein stattlicher Busch von 3 m Höhe. Seine Zweige sind sehr dunkel und der Stamm blättert ab. Die sterilen Blüten der wunderbar duftenden Blütenstände färben sich tiefrosa. Aber das auffälligste Kennzeichen ist mit Sicherheit die braune Farbe der jungen Ausläufer. Benannt ist diese Sorte nach Gidie van Vught, Pflanzenkenner und Gärtner aus den Niederlanden.

'Jermyn's Lace' wächst schnell, hat einen abblätternden Stamm und große Blätter. Sie trägt ebenfalls große Blütenschirme, die sich rosa färben. Die Sorte wurde gezüchtet von Hillier in England.

'June Pink' wird ein Riese von circa 5 m Höhe. Bezeichnend für 'June Pink' ist die frühe Blüte, die ihr auch den Namen gab. Schon im Juni verfärben sich ihre aparten Blütenstände rosa. Der wohlgeratene kleine Baum ist eine Züchtung von Jelena de Belder, die ihn auch benannt hat.

H. heteromalla 'June Pink'

H. heteromalla 'Nepal Beauty'

'Krista' ist eine schnell wachsende Sorte. Ihr wichtigstes Unterscheidungsmerkmal ist die weinrote Färbung ihrer Blätter im Herbst. Benannt wurde sie nach Krista Bontan und gezüchtet von Pieter Zwijnenburg (Boskoop).

'Morrey's Form' wächst zu einem breiten, massiven Strauch heran, der zuverlässig blüht. Die Blütenschirme sind bis 20 cm groß und tragen weiße sterile Blüten, die sich rosa verfärben.

'Snowcap' ist ein großer Strauch mit beeindruckend großen Blütenschirmen. Sie werden bis 25 cm groß. Auch die Blätter sind groß und haben auffallende rote Blütenstiele. Diese Hortensie wurde ursprünglich bei Hillier in England gezüchtet. Fälschlicherweise trug sie den Namen *H. robusta.* Sie stammt aus dem Himalaya und kam als Samen zu uns nach Europa.

'Xanthoneura' wird manchmal als Varietät betrachtet, früher wurde sie sogar als Art klassifiziert. Der Name verweist auf die gelbliche Farbe der Hauptnerven. Das ganze Blattwerk hat eine hellgrüne Farbe, heller als wir es bei den meisten Pflanzen dieser Art erwarten. Jedoch sind die Unterschiede zur Art minimal, sodass es sich höchstens für einen passionierten Hortensien-

sammler lohnt, die schwer erhältliche Sorte im Handel aufzutreiben.

'Nepal Beauty' stellen wir hier auch vor, obgleich ihre Zugehörigkeit zu *H. heteromalla* nicht eindeutig ist, aber es mangelt ansonsten an weiteren erwähnenswerter Sorten. 'Nepal Beauty' ist eine glanzvolle Erscheinung mit großen Blättern, die durch rote Blattstiele und einen roten Mittelnerv auffallen. Bei jungen Exemplaren ist auch der fein gezähnte Blattrand rot gezeichnet. Und das alles an einer Pflanze, die 5 m und mehr hoch wird! Mit luftigen Blütenschirmen und cremeweißen Blüten ausgestattet, ist sie unumstritten ein Blickfänger im Garten. Gezüchtet wurde sie aus Samen, die in Nepal in der Natur gesammelt wurden. Hierbei kam nur eine einzige Pflanze durch, die durch C. Esveld Kwekerijen in Boskoop benannt und verbreitet wurde. Auf klassische Weise ist sie nur schwer zu vermehren, aber Oprins Plant vermehrt 'Nepal Beauty' erfolgreich mittels Gewebezüchtung.

10 *Hydrangea paniculata*
VON SIEBOLD (JAPANISCHER NAME: NORI-UTSUGI)

1829 beschrieb von Siebold einzelne Exemplare dieser Art. Das Verbreitungsgebiet umfasst beinahe ganz Japan, Südostchina, Sachalin und Taiwan. *Hydrangea paniculata* benötigt eine sonnige Anhöhe oder einen offenen Bergwald zum Gedeihen, verträgt also gut Trockenheit. Obwohl sie eine nahe Verwandte von *H. heteromalla* ist, kann man diese Art leicht durch die unterschiedlichen Blütenstände von ihr unterscheiden. *H. paniculata* hat eine Blütenrispe, die sich aus einer wechselnden Anzahl von fruchtbaren und sterilen Blüten zusammensetzt. Diese sind cremeweiß oder weiß und zeigen beim Verblühen oft wunderschöne rosafarbige bis rote Färbungen. Die Höhe der Pflanze kann mehrere Meter betragen. Typisch ist, dass vor allem bei jüngeren Exemplaren drei Blätter an einem Blattknoten angesetzt sind.

Diese großen Sträucher oder kleinen Bäume erreichen auch bei uns mühelos respektable Höhen von bis zu 7 m, zumindest wenn sie nicht jedes Jahr zurückgeschnitten werden. Das ist leider, sehr zu meinem großen Ärger und Bedauern, in unseren Gärten gängige Praxis. Ich kann ja verstehen, dass diese mächtigen Pflanzen für einige Gärten zu groß sind, aber vielleicht ist dann eine kleinere Sorte doch die bessere Wahl. Schneiden fördert das Entstehen von sehr langen Trieben, die wiederum von sehr großen Blütenrispen gekrönt werden. Das kann bei trockenem Wetter schön aussehen, aber bei nassem Wetter gerät das Ganze dann unter dem Gewicht der übernassen Blütenrispen ganz aus der Form. Das gilt vor allem für die Sorten mit schwachen

H. paniculata 'Bridal Veil'

Stängeln wie 'Grandiflora'. Auf diese Weise beanspruchen sie dann noch mehr Platz, wobei man über die Ästhetik durchaus geteilter Meinung sein kann.

„In der Natur ist die Variabilität dieser Art nicht groß, aber in Kultur ist es möglich, die Sämlinge früh zu selektieren und so zu diversifizieren.", schrieb Jelena de Belder in ihrem Buch „Het leven begint in de hervst" auf Seite 125. Das bestätigt die überaus große Anzahl von Sorten, die im Handel erhältlich ist. Ich stelle hier eine Auswahl vor. Dabei beschränke ich mich auf die wichtigsten. Altbekannte Sorten wie 'Grandiflora', 'Floribunda' und sogar 'Kyushu' erwähne ich hier nicht erneut.

'Bridal Veil' nimmt eine besondere Stellung innerhalb der großen Vielfalt von Sorten ein, mit ihren an den Rändern stark gezähnten Kelchblättern der sterilen Blüten. Als Abkömmling von 'White Moth' hat sie leider die Schwäche ihrer Zweige geerbt und dieses Merkmal sogar noch verstärkt ausgebildet. Dadurch ist sie als Gartenpflanze nicht guten Gewissens zu empfehlen. 'Bridal Veil' ist eine Züchtung von Jelena de Belder (Essen, Belgien, 1995). Eine von 'Bridal Veil' abstammende Pflanze wurde von Jelena de Belder nach ihrer Schwiegertochter 'Barbara' genannt. Sie hat weniger schwache Stängel und große weiße Kelchblätter (Sepalen), die sich nicht rosa verfärben. Diese neue Sorte zeigt jedoch nicht die ungewöhnlich schöne Zahnung der Kelchblätter, die 'Bridal Veil' ihr elegantes, manieriertes Äußeres verleiht. Seit 1998 ist diese Pflanze unter dem Namen 'Swan' bei Springfield Nurseries (USA) zu finden.

'Brussel's Lace' bildet einen kompakten Strauch. Die früh blühende Pflanze stammt von 'Unique' ab. Alle sterilen Blüten haben die gleiche Größe und alle Blütenstände entwickeln sich gleichzeitig. Sie wurde 1975 von Jelena de Belder benannt.

H. paniculata 'Dart's Little Dot'

'Dart's little dot'™ ('Darlido') wird normalerweise nicht höher als einen guten Meter. Ihre Blütenrispen sind so klein, dass sie wie kleine

H. paniculata 'Brussel's Lace'

H. paniculata 'Dharuma'

Schirme aussehen. Dafür werden sie in großer Zahl gebildet. Die sterilen Blüten sind cremeweiß. Eingeführt wurde sie durch Darthuizer Kwekerijen (Niederlande, 1995).

'Dharuma' unterscheidet sich in zweierlei Hinsicht von einer normalen *H. paniculata*. Zum einen wird diese sehr früh blühende Hortensie nur ungefähr 1,5 m hoch, zum anderen, und das ist weitaus entscheidender, haben die Blütenstände die Form platter Rispen oder Schirme. Spektakulär sind ihre weißen sterilen Blüten, die sich intensiv altrosa bis violett verfärben; eine Farbe, die mich immer an die samtenen Vorhänge eines alten Theatersaales oder eines alten Kinosaales erinnert. 1998 erst wurde diese Sorte aus Japan in die Niederlande eingeführt, wo sie als echte Sensation gefeiert wurde. Seither wird sie vielfältig zur Züchtung eingesetzt, immer mit dem Ziel, *H. paniculata* noch attraktiver und vielfältiger zu machen.

'Early Sensation'® ('Bulk') ist vermutlich eine Kreuzung von 'Dharuma' und 'Pink Diamond'. Die Pflanze blüht früh und bleibt lange attraktiv. Wie bei 'Dharuma' sind die ersten Blütenstände ziemlich flach, später bilden sie sich dann eher rispenförmig aus. Sie verfärbent sich deutlich rosa. Im Handel wird sie auch häufig als Hortensienstämmchen angeboten. Als Stämmchen muss 'Early Sensation' jährlich rigoros zurückgeschnitten werden. Die Züchtung stammt von Rein und Mark Bulk in Boskoop.

'Lammetje' ist eine von 'Pink Diamond' abstammende Züchtung aus dem Jahre 1995 von Jelena de Belder. Es handelt sich um einen niedrigen Strauch, dessen Zweige sich durch das Gewicht der vollständig aus sterilen Blüten bestehenden Blütenstände niederbeugen. Die Blüten zeigen nur wenig Rosafärbung. „Die kleinen Schaublüten sitzen so dicht beieinander, dass die Blüte duftig, zart und weich aussieht", schreibt Jelena de Belder in ihrem schon erwähnten Buch auf Seite 124. 'Lammetje' blüht früher als die bekannte 'Grandiflora'. Sie wird von Springfield Nurseries (Michigan, USA) in Lizenz kultiviert.

'Limelight™' ('Zwijnenburg') entwickelt sich zu einem mittelgroßen Strauch mit aparten Blütenrispen, die sich in ihrer Größe nicht hinter 'Grandiflora' verstecken müssen. Aber das Besondere an diesen Blütenständen ist, dass sie sehr lange ihre grünweiße Farbe behalten und sich erst sehr spät weiß verfärben. Am Ende der Blüte werden sie dann auch noch rosa. Ein wunderbares Farbschauspiel! Hat die Pflanze einen schattigen Standort, so bleibt ihr der limonengrüne Farbton der jungen Blütenrispen noch länger erhalten, die Rosafärbung bleibt ganz aus. Eine prächtige Neueinführung von Pieter Zwijnenburg (Boskoop) aus dem Jahre 1990.

'Mega Mindy'® ('ILVOMindy') ist eine Neueinführung von BEST-Select, einer Gruppe von ambitionierten flämischen Gärtnern, die die Neuzüchtungen vom Instituut vor Landbouw- en Visserijonderzoek, ILVO, auf den Markt bringen. Schon 2003 fiel dieser Abkömmling auf dem Versuchsfeld zwischen seinen Nachbarpflanzen auf. Ende 2007 entschied man, sie solle einen Namen erhalten und vermehrt werden. 'Mega Mindy'® wurde wegen ihrer stabilen Zweige, ihrer guten Wuchsform und wegen ihrer traumhaften, rosarot durchfärbenden Blütenrispen ausgewählt. *Hydrangea paniculata* 'Mega Mindy'® ist erst seit 2009 im Handel. Der Erlös der ersten Verkäufe ging an eine Stiftung für krebskranke Kinder. 'Mega Mindy'® ist ein kompakter Strauch, dessen maximale Höhe mit 1,25 m bis 1,75 m angegeben wird. Seine stabilen aufrechten Triebe laufen rot an. Die großen Blütenrispen bestehen aus fruchtbaren und sterilen Blüten, wobei die Verteilung zu Gunsten der sterilen Blüten ausgesprochen vorteilhaft ist. Die Blüte ist weiß, wobei die Durchfärbung ins Rosarot schon früh einsetzt.

H. paniculata 'Early Sensation'

H. paniculata 'Mega Mindy'

H. paniculata 'Pink Diamond'

H. paniculata 'Phantom'

'Melody' zeichnet sich durch einen locker verzweigten, aufrechten Wuchs aus. Ihre Triebe enden jeweils in einer langen Rispenblüte. Der Zweig biegt sich dabei leicht nach unten, aber die Rispenspitze reckt sich wiederum nach oben. Das hat den Effekt, dass die Rispen eine schwungvolle, wippende S-Form bilden. Eine elegante Sorte, die bis zu 4 m hoch wird und unbedingt mehr Aufmerksamkeit verdient. Sie wurde 1985 gezüchtet und benannt.

'October Bride' ist eine ausgewählte Sorte aus einer Pflanzengruppe, die durch Robert und Jelena de Belder als 'ex Mount Aso' oder auch 'Azo Vulcano' bezeichnet wurde. Der Name weist auf die Herkunft des Ursprungsmaterials hin, den Kuji National Park in der Nähe des Azo Vulkans auf Kyushu (Japan). Sie blüht spät, bis Anfang November. 'Oktober Bride' entwickelt sich zu einem ansehnlichen Busch von 6 m und mehr und ist durch ihre sehr späte Blüte, die noch später liegt als die der bekannteren 'Tardiva', mit Sicherheit ein Gewinn für Ihre Sammlung. Achten Sie aber auf sortenreine Ware!

'Pappilon' gehört zu meinen absoluten Favoriten. Die aufrecht stehenden Kelchblätter (Sepalen) der sterilen Blüten sehen aus wie Schmetterlinge. Die Blätter dieser Sorte sind sanft gewellt und zeigen an den Blatträndern eine recht starke Zahnung. Obwohl 'Pappilon' von 'Unique' abstammt, gleicht sie eigentlich mehr 'Praecox'. Ein eleganter großer Strauch, 3 m hoch und noch breiter, mit mittelgroßen Blütenrispen, die herrlich duften.

'Phantom' hat große Blütenrispen, die fast ebenso breit wie lang werden, nämlich circa 25 cm × 25 cm. Sie sind dicht mit überwiegend sterilen Blüten besetzt. Neigt sich die Blüte dem Ende zu, färbt sie sich rosa. Man kann 'Phantom' als eine Schwester von 'Limelight' bezeichnen, allerdings mit reiner weißen Blüten, die sich später stärker rosa verfärben. Die Sorte stammt von Pieter Zwijnenburg Junior (Boskoop, 1990).

'Pink Diamond' ist ein Elternteil bei einer Reihe von neueren Züchtungen, die sich allesamt durch eine zuverlässige Verfärbung nach Rosa hervortun. Das gilt auch für 'Pink Diamond' selbst, aber eine Verschiebung des Verhältnisses von fruchtbaren Blüten zu sterilen Blüten wäre hier wünschenswert. Sie ist eine Züchtung von Jelena de Belder aus dem Jahre 1980.

H. paniculata 'Pinky Winky'

H. paniculata 'Praecox'

'Pinky Winky'® ('D. V. P. Pinky') ist eine Züchtung aus der belgischen Gruppe BEST-Select. Als sie 2003 auf den Markt kam, war ich nicht sonderlich angetan. „Schon wieder eine Sorte, die wegen ihrer rosa Farbe ausgewählt wurde!", dachte ich, „und das, obwohl sich die meisten Pflanzen rosa färben, wenn sie nur genügend Sonne bekommen." Was musste ich meine Meinung revidieren! Sie ist eine äußerst solide Züchtung, ein wahres Prachtexemplar! Die an sich weißen sterilen Blüten sind gleichmäßig über die längliche Rispe verteilt. Ziemlich schnell verfärben sie sich dann und nehmen diesen unvergleichlichen lilarosa Farbton an, der in dieser Gruppe einzigartig ist. Setzen Sie die Pflanze zwischen andere Hortensien und Sie werden sehen, sie ist ein wahrer Blickfänger. Eine gelungene Bereicherung jeder Sammlung!

'Praecox' ist eine alte japanische Sorte, die schon 1893 durch C. S. Sargent in die USA eingeführt wurde. Das äußere Erscheinungsbild dieser Sorte weicht in mehrerer Hinsicht von vergleichbaren anderen ab. Darum überrascht es nicht, dass einige Autoren, darunter auch Yamamoto, 'Praecox' als Varietät betrachten und nicht als Sorte. Auffällig sind die gewellten Blätter, die frühe Blüte im Juni und die Sternform der sterilen Blüten. Eine echte Empfehlung für jeden, der für diesen Strauch ausreichend Platz hat – er kann bis zu 5 m hoch werden.

'Taiwan Form', manchmal auch 'Taiwanensis', gibt Rätsel auf, was ihren Handel betrifft. Es sind mit Sicherheit mehrere Typen, die unter diesem Namen angeboten werden. Die beste ist eine kleine Pflanze, die graugrüne, leicht behaarte Blätter hat. Sie erinnert an fo. *velutina*, die augenblicklich abstirbt, sobald das Thermometer die Nullgradgrenze erreicht. Dagegen ist 'Taiwan Form' besser an unsere klimatischen Verhältnisse angepasst. Ihre Blütenstände sind viel offener als vergleichbare Sorten. Durch ihre einzeln stehenden Triebe zeigt sie sich als transparente Erscheinung. Ihre Blütenstände haben relativ wenig sterile Blüten. 'Taiwan Form' hat eine leichte Eleganz, die gut in einen modernen Garten passt.

'Unique' erhielt ihren Namen auf eine ganz besondere Weise. Nachdem hunderte Sämlinge, Abkömmlinge von 'Floribunda', gerade frisch pikiert und gegossen waren, zerwühlte ein Vogel die Saat und die jungen Pflänzchen vertrockneten; die Familie saß gerade beim Frühstück. Nur ein einziges blieb übrig. Dieses Pflänzchen, das etwas stabiler in der Erde verwurzelt war, wurde durch Robert de Belder gerettet. Jelena wollte es eigentlich schon wegwerfen. Das passierte 1958. Die 'Einzige' wuchs zu einem stattlichen Strauch heran und bekam zu Recht den Namen 'Unique'. Sie wird bis zu 3 m hoch und trägt große cremeweiße Rispen.

'Vanille Fraise'® ('Renhy') entstand aus Samen von 'Unique', aber das sieht man der Pflanze nicht mehr an. Ihre Blütenrispe besteht fast ausschließlich aus sterilen Blüten, die erst cremeweiß sind, dann verändert sie die Farbe nach Zartrosarot. Da sich diese Veränderung erst nach und nach durchsetzt, entsteht zeitweise ein zweifarbiger Effekt, der zu ihrem Namen führte. In den ersten Jahren fällt die Pflanze in ihrer Form etwas auseinander. Nach ein paar Jahren des regelmäßigen Rückschnitts entwickelt sie eine aufrechtere Wuchsform, sie bleibt jedoch offen und transparent. Gezüchtet wurde sie von Pépinières Renault (Gorron, Frankreich, 2005).

H. paniculata 'Vanille Fraise'

H. paniculata 'Unique'

'White Moth' ist ebenfalls ein Sämling von 'Unique'. Sie hat ausgesprochen große, an der Basis auch extrabreite Blütenrispen, die eigentlich zu groß und zu schwer für die relativ schwachen Zweige sind. Bei einem regelmäßigen Rückschnitt tritt dieses Phänomen verstärkt auf. Schneiden Sie die Pflanze daher nicht zurück! Sie blüht früh und ausdauernd reinweiß ohne eine Spur von Rosa. Sie wird sicher 4 m hoch und ebenso breit.

H. paniculata 'Seafoam'

Subsektion Macrophylla

11 *Hydrangea macrophylla*
(Thunberg) Seringe
(Japanischer Name: Gaku-Ajisai)

Ist *H. macrophylla* die echte Wildform der Ball-Hortensien? Eine Frage, die gar nicht so leicht zu beantworten ist. Jedenfalls bezieht sich die ursprüngliche, historische Beschreibung auf eine schon kultivierte Pflanze. Es gibt auch Vorschläge, diese Art ganz zu streichen und dann alle Sorten ausgehend von *H. serrata* neu zu betrachten und einzusortieren. (Tatsuya Uemachi, Universität von Shiga Perfecture, 2007).

Thunberg entdeckte eine Pflanze mit einem kugelförmigen Blütenstand, der fast ausschließlich aus sterilen Blüten bestand. Er beschrieb diese 1784 als *Viburnum macrophyllum*. Hierbei kann es sich aber nicht um die Urform handeln. Sir Joseph Banks führte 1788 eine andere Kugelform aus China ein. Diese wurde 1792 von Sir James Smith in Kew als *Hydrangea hortensis* beschrieben. Als 'Sir Joseph Banks' wird sie noch immer kultiviert. Commerson, ein französischer Arzt und Naturwissenschaftler, der Bougainville auf seinen Expeditionen begleitete, schickte aus dem Garten von Pierre Poivre auf der Insel Mauritius eine Pflanze nach Paris. Dort beschrieb und benannte Lamarck sie als *Hydrangea opuloides*. Erst 1830 brachte Seringe Ordnung in die Sache. Er ordnete *Viburnum macrophyllum* als *H. macrophylla* der Gattung Hydrangea zu. Auch die Sorte 'Sir Joseph Banks' und die *Hortensia opuloides* bekamen hier ihren Platz.

Bis jetzt behandeln wir in diesem Kapitel ausschließlich Pflanzen mit kugelförmigen Blütenständen. Wie bereits erwähnt, handelt es sich dabei aber nicht um die Urform. Es dauerte bis ins frühe 20. Jahrhundert, bis man im Westen diesen Irrtum korrigierte. Wilson brachte 1917 Samen einer Wildform von der Insel Oshima mit nach Europa. Wir wissen, dass die Urform einen flachen Blütenschirm aus fruchtbaren Blüten im Zentrum mit einem Ring von sterilen Blüten im Randbereich aufweist (siehe auch Kapitel 2). Es ist aber fraglich, ob zurzeit überhaupt eine echte Wildform kultiviert wird. Allgemein wird angenommen, dass 'Seafoam' der Wildform am nächsten kommt, obwohl sie eine Mutation einer Kugelform ist, nämlich von 'Sir Joseph Banks'.

Hydrangea macrophylla wird in China und Japan schon seit mehreren hundert Jahren kultiviert. Yamamoto nennt Japan als Verbreitungs gebiet, insbesondere die Ostküste der Halbinsel Izu bis zum Kap Manazuru, die Küste von Shonan, die Halbinseln Miura, Boso und die Inseln von Izu.

H. macrophylla 'Lilacina'

An einer anderen Stelle finden wir Angaben, die das Küstengebiet der Halbinsel Chiba (Boso) bis zum Südosten von Tokio, Hachijo bis zu den Ochima Inseln näher bezeichnen. Es handelt sich also um Pflanzen, die in der Küstenregion bis zu einer Höhe von 150 m über dem Meeresspiegel wachsen.

Obwohl viele Pflanzenliebhaber eine recht konkrete Vorstellung davon haben, wie eine *H. macrophylla* in ihrem Garten aussehen soll, ist es trotzdem nicht leicht, diese Art treffend zu beschreiben. Wir meinen hiermit die Kennzeichen der Wildform, einer quasi durchschnittlichen *H. macrophylla*. Yamamoto tut das folgendermaßen: „Große Pflanzen mit dicken glänzenden Blättern, die deutlich besser trockenheitsverträglich sind als *H. serrata*. Auf Izu erreichen sie eine Größe von 2 bis 3 m." Also eine äußerst allgemeine Beschreibung. Der Strauch hat blassgrüne Sprosse, mit länglich ovalen Blättern, die circa 10 bis 20 cm lang sind, die Breite beträgt etwa ⅔ davon, an der Spitze verjüngen sie sich abrupt. Die Blattränder sind gezähnt. Auf der Oberseite sind die Blätter glänzend grün, weisen eine starke Textur auf und fühlen sich dick an. Der Blattstiel ist 2 bis 5 cm lang.

Ebenfalls informiert uns Yamamoto in seinen Publikationen über die in Japan etwas anders gehandhabte Namensvergabe. *H. macrophylla* heißt in ihrer Wildform Gaku-Ajisai. Der Namensteil Gaku stammt aus der Edo Periode (1600 – 1868) und weist auf die Form des Blütenstandes hin, denn Gaku ist das japanische Wort für Bilderrahmen: Eine Menge steriler Blüten umrahmen sozusagen eine Menge fruchtbarer Blüten. Wann ist unklar, aber irgendwann in der langen Geschichte der Hortensien wurde zwischen den Gaku-Typen eine Pflanze mit kugelförmigem Blütenstand entdeckt. In der japanischen Ästhetik war diese Temari-Form hoch stehender als die Schirmform und wurde seither als Gartenpflanze kultiviert. Man nannte sie Ajisai. Wann der Name entstand, ist unbekannt. In den Manyoshu, einer Anthologie von Gedichten aus der Nara Periode,

H. serrata 'Bluebird'

710–794, wird der Name erstmalig verwendet, es ist aber unbekannt, ob er sich auf Hortensien bezieht.

12 *Hydrangea serrata*
(Thunberg) Seringe
(Japanischer Name: Yama-ajisai)

Auch *H. serrata* wurde von Thunberg fälschlicherweise der Gattung *Viburnum* zugeordnet, und zwar unter dem Namen *Viburnum serratum* (1784). Diese Art wird in Japan schon Jahrhunderte lang kultiviert. Darum waren viele Hortensien, die früher nach Europa importiert wurden, auch schon Kulturpflanzen. An ihren Naturstandorten zeigen die Pflanzen schon eine große Variabilität, sodass in der jüngeren Vergangenheit moderne Pflanzensammler wie Corinne Mallet noch neue Formen entdecken konnten.

Das Verbreitungsgebiet von *H. serrata* zieht sich über den gesamten japanischen Archipel und die Insel Jejudo (auch: Quelpart) vor der koreanischen Küste. Ihr natürliches Verbreitungsgebiet sind feuchte Waldgebiete im Landesinneren, die auch oft bergig sind, daher trägt sie *Yama* im japanischen Namen. Diese Sträucher sind mit einer Höhe bis zu 1,5 m oft niedriger als *H. macrophylla*. Ihre Zweige sind viel dünner und verholzen schneller. Die matten Blätter sind oval bis mehr oder weniger länglich mit gezähnten Rändern. Ihr Blütenschirm enthält sowohl fruchtbare als auch sterile Blüten. Es gibt allerdings auch, wie bei *H. macrophylla,* Typen mit Blütenkugeln aus überwiegend sterilen Blüten.

Die Unterart subsp. *yezoensis* (Yezo-Ajisai) wird in Japan auch oft die „Ajisai aus dem Schneegebiet" genannt. Die Pflanzen haben größere Blätter mit gröberen Zähnen und wachsen überwiegend im Norden von Honshu und südlich von Hokkaido. Beides sind Gebiete, in denen es oft schneit. Der Status dieser Pflanzen wird jedoch manchmal in Frage gestellt. Einige bemühen sich eifrig um eine Anerkennung der Unterart als eigene Art, weil sehr ähnliche Pflanzen auch in Südkorea gefunden werden. Sie sind ausgesprochen winterhart, vertragen aber keine Trockenheit und ganz sicher keine Wintertrockenheit. Normalerweise sind sie ja auch durch eine dicke Lage Schnee geschützt. Es sind nur einige Sorten bekannt, aber durch Kreuzung und Selektion können hier noch wertvolle Pflanzen gewonnen werden.

Immer wenn wir über *H. macrophylla* und *H. serrata* sprechen, müssen wir uns entscheiden. Behandeln wir sie als Arten, wie üblich, oder entscheiden wir uns, sie als mehr oder weniger komplizierte, hybridisierte Unterarten zu betrachten und lassen wir die Artbezeichnung einfach weg? Ich persönlich fühle mich zu der zweiten Lösung hingezogen. In Gärtnereien und Gartenmärkten werden die Pflanzen allerdings immer noch mit der Artbezeichnung angeboten. Da ich dieses Buch in erster Linie für Liebhaber schreibe, erscheint es mir am besten, wenn wir uns bei der Bezeichnung der Hortensien der Methode der Pflanzenanbieter anschließen. Allerdings auf eine besondere Weise, die ich noch erläutern werde. Die Suche nach einer passenden Pflanze wird so noch einfacher.

Anmerkung: Laut Dr. Tatsuya Uemachi von der University of Shiga Prefecture, Japan (International Hydrangea Conference, 2007) weisen sowohl das Verbreitungsgebiet als auch eine auffällige DNA-Übereinstimmung auf eine große Verwandtschaft zwischen der Macrophylla- und der Yezoensis-Gruppe hin. Er geht davon aus, dass beide aus der gleichen Linie innerhalb der *H. serrata* entstanden sind. Daraufhin müssen die Namen folgenderweise angepasst werden:

H. macrophylla wird *H. serrata* subsp. *macrophylla.*
H. serrata var. *yezoensis* ist *H. serrata* subsp. *yezoensis.*

Sektion Cornidia

Aus der Sektion Cornidia sind folgende Arten im Handel erhältlich:

13 *Hydrangea integrifolia*
HAYATA

H. integrifolia, die immergrüne Kletter-Hortensie, ist ein holziger Kletterer mit wintergrünen Blättern. Ihre Äste und Zweige weisen eine interessante rötliche Behaarung auf. An ihren Blatträndern sind die 5 bis 18 cm langen und 3 bis 9 cm breiten Blätter glatt oder in großen Abständen gezähnt. Kleine, zarte weiße Blütenstände bilden einen Kontrast zu den dunklen Blättern. Während des Knospenstadiums werden die Blütenstände, wie bei allen anderen Arten dieser Sektion, durch Tragblätter (Brakteen) umschlossen. Die sterilen Blüten haben ein oder zwei Kelchblätter (Sepalen). Diese Art stammt aus den Bergen von Taiwan aus einer Höhe von 1500 m. Auch auf den Philippinen wurde man fündig. Sie ist die einzige Art innerhalb der Sektion Cornidia, die außerhalb des amerikanischen Kontinents vorkommt.

14 *Hydrangea seemannii*
RILEY

McClintock sieht einige Ähnlichkeiten zwischen dieser Art und der vorigen. Es handelt sich ebenfalls um eine wintergrüne Kletterpflanze und einen Strauch mit behaarten Zweigen. Die Behaarung ist allerdings hier eher bräunlich. Die Blätter sitzen an langen Blattstielen und sind 5 bis 20 cm lang bei einer Breite von 3 bis 8 cm. Weiße fruchtbare und sterile Blüten bilden die schirmförmigen Blütenstände, wobei letztere manchmal fehlen. Aus dem Bergland von Mexiko stammend wurde sie 1985 von Neil Treseder nach Europa eingeführt.

H. seemanii

15 *Hydrangea serratifolia* (Hooker & Arnott) Philippi

Diese holzige Kletterpflanze hat dunkelgrüne immergrüne Blätter; die meist ganzrandig sind, nur manchmal leicht gezähnt. Sie sind 7 bis 15 cm lang und 3 bis 7 cm breit. Die jungen Sprosse, die Blattstiele und Blütenstände dieser Pflanze zeigen eine zarte Behaarung. An den schirmförmigen Blütenständen stehen die sterilen Blüten zu dritt zusammen. Die Pflanzen sind zweihäusig, es gibt also Pflanzen mit ausschließlich männlichen Blüten und Pflanzen mit ausschließlich weiblichen Blüten. Ihre Heimat sind die chilenischen und argentinischen Anden.

In der letzten Zeit kamen ein paar Kreuzungen auf den Markt, die ich der Vollständigkeit halber hier aufführen möchte:

H. seemannii × *H. serratifolia* und *H. peruviana* × *H. serratifolia*. Sie sind beide schöne Blattpflanzen, aber noch zu neu, um hier ein fundiertes Urteil abgeben zu können. Beide sind kletternde Sträucher, wobei der erste schneller klettert und der zweite länger strauchartig bleibt.

Jan Oprins

Bei Oprins Plant gehörten Hortensien neben Bambus und Stechpalmen schon immer zu den wichtigen Pflanzen innerhalb des Sortiments. In den letzten 10 Jahren allerdings ist diese Bedeutung noch gewachsen. Hortensien sind für mich zur absoluten Leidenschaft geworden. Nationale und internationale Kontakte halfen uns, die Sammlung stetig zu vergrößern. Dabei ist es uns wichtig, neue Pflanzen und neue Produktlinien zu entwickeln. Wir haben den Vorteil, dass wir im Markt eine recht starke Position haben, wozu auch die anderen Produkte beitragen. Wir kennen den Markt und verfügen über ein großes Netzwerk. Unser Name hat inzwischen einen gewissen Bekanntheitsgrad erlangt und steht für Qualität und Innovation.

So nutzen wir unsere Erfahrung auf dem Gebiet der Gewebeanzucht, die wir in Zusammenarbeit mit der Universität in Gent, Belgien vorzugsweise für die Vermehrung von Bambus entwickelten, auch für Hortensien. Der Nischenmarkt von *H. quercifolia* ist hierfür ein schönes Beispiel. Der Produktionszyklus ist etwas teurer als beim klassischen Stecken, aber die Qualität sowohl bei der Verzweigung als auch bei der Blüte ist besser. Auch ist es uns gelungen, den Produktionsprozess zu verkürzen und besser zu steuern. Wir setzen In-vitro-Kulturen ein, das heißt wir vermehren mittels Zellkulturen im Reagenzglas, wenn es vorteilhaft ist, so zum Beispiel bei Neueinführungen wie *H. paniculata* 'Wims Red'® oder *H. involucrata* 'Late Love'. Später gehen wir dann zur Stecklingsvermehrung über. Stecklingsvermehrung ist eigentlich der günstigere Weg. Wir wählen diese

Methode auch für kleinere Mengen. Diese Kombination verschiedener Vermehrungstechniken bringt uns einen Vorsprung im Markt, da wir dadurch einfach flexibler sind. Das schätzen die Gärtnereien, an die wir unsere Produkte verkaufen. Sie ziehen die Jungpflanzen dann weiter heran und verkaufen sie weiter an Großhändler und Gartenmärkte. Unser Qualitätsanspruch ist dabei konstant hoch.
Ich werde weiter begeistert Hortensien sammeln und kreuzen. Hierzu haben wir einen eigenen Veredler angestellt. Wir orientieren uns an Nischenmärkten, aber darüber möchte ich noch nicht so viel verraten. Wiederum gemeinsam mit der Universität Gent setzen wir die neueste und anspruchsvollste Technik ein.

Ich hoffe, dass ich bis zum Ende meines Lebens neue Pflanzen züchten werde.

Jan Oprins

H. aspera 'Hot Chocolate'®

H. aspera 'Hot Chocolate'® ist eine Züchtung von Jan Oprins, Maurice Foster und Harry van Trier aus dem Jahre 2009. Die Pflanze hat einen aufrechten Wuchs und stabile Triebe, ihre jungen Blätter zeigen eine kupferrote bis rotbraune Färbung. Nach einiger Zeit wird die Blattoberseite mittelgrün und zeigt deutliche Blattnerven. Die Unterseite bleibt rotbraun, und durch die etwas nach oben gewölbte Wuchsform der Blätter kann man dieses Phänomen den ganzen Sommer über bewundern. Der große Blütenschirm zeigt blaue fruchtbare Blüten, deren lange Staubfäden den Blüten ein verspieltes Äußeres geben. Ein Kranz großer steriler Blüten, die weiß aufblühen, aber schon bald ein zartes Rosa annehmen, betont die Mitte. Die gezackten, leicht gewellten Ränder der Kelchblätter vergrößern noch den Charme dieser Pflanze. 'Hot Chocolate'® überstand den Winter 2008 / 2009 in England (Sevenoaks) schadlos.

Sorten von H. macrophylla und H. serrata

4

Viele Sorten sind das Ergebnis von Generationen teilweise äußerst komplizierter Kreuzungen. Bei solchen Kreuzungen ist die Verwandtschaft mit *H. macrophylla* oder *serrata* meistens nicht mehr nachzuvollziehen. Es wäre daher eigentlich konsequent, auf die Bezeichnung der Art gänzlich zu verzichten. In den meisten Gärtnereien und Gartenmärkten ist es jedoch gängige Praxis, die Pflanzen mit dem Art-Zusatz zu bezeichnen. Es erleichtert Ihnen das Auffinden der Pflanze und gibt Ihnen eine Vorstellung über die zu erwartenden Eigenschaften und eine mögliche Verwendung im Garten. Wir haben uns entschieden, in der nun folgenden Aufzählung den Art-Zusatz im Namen zu erwähnen, wenn die Zugehörigkeit zur Art sehr sicher ist. Können wir die Zugehörigkeit nur andeutungsweise angeben, steht die entsprechende Art am Fuße der Pflanzenbeschreibung. Mit dieser Vorgehensweise halten wir uns weitgehend an die Vorgaben des Répertoire International des noms de cultivars von Association Shamrock, der Collection National (CCVS) in Frankreich.

H. macrophylla 'Blauling'

H. serrata 'Grayswood'

H. 'Admiration'

***H.* 'Admiration'** wächst zu einem großblättrigen, kompakten Strauch mit einer Vielzahl großer Blütenkugeln heran. Seine sterilen Blüten haben einen rosa bis lilarosa Farbton, der umso stärker rot wird, je mehr die Pflanze verblüht. Auch blaue Blütenfarbe tritt auf. Die hier gezeigte Sorte ist nicht die von Draps-Dom 1950 eingeführte Form, sondern die schon 1932 eingeführte Form von Cayieux (Frankreich).

› Macrophylla

H. 'All Summer Beauty'

***H.* 'All Summer Beauty'** bildet einen leicht auseinanderfallenden Strauch von ungefähr 1,5 m Höhe. Mit seinen kugelförmigen, leicht abgeflachten Blütenständen gehört er zu den sogenannten Hortensias, den Ball-Hortensien. Die sterilen Blüten färben sich je nach pH-Wert des Bodens eher blau oder eher rosa. Die Sorte zeichnet sich durch eine anhaltende Blüte aus, die schon früh in der Saison beginnt.

› Macrophylla

H. 'Altona'

***H.* 'Altona'** ist eine alte, traditionsreiche Sorte, die schon 1931 benannt wurde. Diese Hortensie hat große kugelige Blütenstände in einem attraktiven tiefrosa bis blauen Farbton. Die Ränder der Kelchblätter (Sepalen) sind leicht gezähnt. Der Strauch wird ungefähr 1,25 m hoch und hat relativ kleine Blätter.

H. serrata 'Amagi Amacha'

***H. serrata* 'Amagi Amacha'** gehört zur sogenannten Amacha-Gruppe. In ihrer Heimat Japan verwendet man die Blätter dieser Pflanzen zur Bereitung von Tee. 'Amagi Amacha' ist eine Zwergform und in der Gartenkultur recht anspruchsvoll. Die schmalen Blätter sind von heller grünen Nerven durchzogen und entwickeln eine schöne Herbstfärbung. Ihre zierlichen Blütenstände sind umringt von weißen, sternförmig angeordneten sterilen Blütenblättern.

H. macrophylla 'Hercules Poirot'

H. macrophylla 'Edouard d'Avdeew'

H. macrophylla 'Ayesha'

H. macrophylla 'Ayesha' heißt die allseits bekannte Fliederhortensie. Kennzeichnend für diese Sorte sind die besondere Form der Kelchblätter und der abgeflachte kugelige Blütenstand. Die einzelnen Kelchblätter der sterilen Blüten wölben sich am Rand nach oben, wodurch genau wie bei den Blütenblättern des Flieders eine konkave Form entsteht. Die Pflanze entwickelt sich zu einem Strauch von gut 1,5 m Höhe, zumindest an einem etwas geschützten Standort. Vor allem in ihrer Jugendphase ist diese Sorte etwas frostempfindlich. Die Blütenfarbe ist zartrosa oder hellblau.

Unter Liebhabern bestehen über diese Sorte gewisse Unstimmigkeiten. Im Arboretum Kamthout erhielten wir einmal eine Sendung aus Japan. Es handelte sich um eine Pflanze mit dem Namen *H. macrophylla* var. *otakasa* 'Concavosepala'. Aber ich kann bezeugen, dass es sich bei dieser Pflanze ganz bestimmt um 'Ayesha' handelte. Die Sorte 'Edouard d'Avdeew' wiederum, durch Mallet benannt und sicher zur selben Gruppe gehörig, sieht völlig anders aus als 'Ayesha'. Das gilt auch für 'Hercules Poirot'. Für mich bleibt daher die Frage offen: Handelt es sich bei 'Concavosepala' und 'Ayesha' um ein und dieselbe Sorte?

H. serrata 'Angustata'

***H. serrata* 'Angustata'**, manchmal auch als var. *angustata* angeboten, ist eine häufig als Wildform vorkommende Sorte, die eine bemerkenswerte Vielfalt in ihrer Erscheinungsform zeigt. Allerdings hält ihr Blütenreichtum nicht sehr lange an. Sie trägt kleine, schmale Blätter, auch ihre Blütenstände sind klein und bestehen aus weißen sterilen und fertilen Blüten. Jelena de Belder brachte einmal eine solche Pflanze aus Japan vom Berg Amagi mit, die wesentlich blütenreicher war. Sie bildete fast aus jeder Blattachse einen Blütenschirm. Hier ist mit Züchtung und Kreuzung sicher noch einige Verbesserung zu erreichen.

H. 'Beauté Vendômoise'

***H.* 'Beauté Vendômoise'** ist eine Sorte von strahlender Schönheit, deren Existenz schon bedroht war, denn das letzte Exemplar wäre beinahe verloren gegangen. Jetzt ist sie aber glücklicherweise wieder erhältlich. Sie ist 1909 aus einer Züchtung von E. Mouilère hervorgegangen. Ihre gigantischen Blütenschirme haben einen Durchmesser von 30 cm und mehr, sie bestehen aus fruchtbaren und sterilen Blüten in Blassrosa. Bis zu 10 cm groß werden die sterilen Randblüten und wirken dadurch teilweise etwas lappig. Das tut dem Charme dieser außergewöhnlichen Hortensie aber keinen Abbruch, die 1,5 m und höher wird.
› Macrophylla

H. 'Bela'

***H.* 'Bela'** wächst zu einem Strauch von gut 1 m Höhe heran und ist äußerst blühfreudig. Ihr Blütenstand ist zwischen einem kugeligen Hortensia-Typ und einem Blütenschirm einzuordnen. Bei der Öffnung der Blüten ist dieser erst kugelförmig und man kann die zahlreichen fruchtbaren Blüten zwischen der Vielzahl von sterilen Blüten sehen. Umso weiter die Blüte fortschreitet, umso mehr drängen sich die sterilen in den Vordergrund. Dabei ändert sich die Blütenfarbe von Rosa zu Blau, abhängig vom pH-Wert des Bodens.

› Macrophylla

H. serrata 'Belladonna'

***H. serrata* 'Belladonna'** ist eine sehr niedrig bleibende Sorte, die nur etwa 60 cm hoch wird. Mit ihrer kugeligen Blütenform zeigt sie, dass es den Hortensia-Typ auch bei der Art *H. serrata* gibt. Kleine Blätter und niedliche kleine Blütenkugeln machen diese Hortensie für den allerkleinsten Garten tauglich. Sie ist auch für die Topfkultur bestens geeignet.

H. serrata 'Belzonii'

***H. serrata* 'Belzonii'** entwickelt sich zu einem großen Strauch von bis zu 2 m Höhe. Seine Blütenschirme bestehen aus zahllosen zartrosafarbenen fruchtbaren Blüten, umrandet von einer übersichtlichen Anzahl steriler Blüten. Sie öffnen sich fast weiß und verfärben sich dann, bis sie in voller Blüte zartrosa sind. Im halb geöffneten Stadium zeigen die Blüten sich am allerschönsten. Diese Sorte wurde 1864 zum ersten Mal beschrieben. Möglicherweise stammt sie von einer Hybride ab.

H. serrata 'Beni Gaku'

***H. serrata* 'Beni Gaku'** ist ein aufrecht wachsender Strauch von gut 1 m Höhe. Seine fruchtbaren Blüten changieren von Blasslila bis fast Weiß. Locker umringt werden sie von zarten sterilen Blüten, die sich an sonnigen Standorten knallrot verfärben und auf sich aufmerksam machen. Nicht zu verwechseln ist 'Beni Gaku' mit 'Rosalba'. Sie ist ihr zwar ähnlich, zeigt aber weniger Farbenspiel und ist insgesamt eine schwächere Pflanze.

H. serrata 'Beni Yama'

***H. serrata* 'Beni Yama'** ähnelt ebenfalls 'Rosalba'. Deutlich unterscheidet sie sich aber durch ihre farbigeren sterilen Randblüten in einem leuchtenden Purpurrot.

H. serrata 'Beni Tamari'

***H. serrata* 'Beni Tamari'** ist eine kleine, zierliche Ball-Hortensie. Fast alle Blüten sind steril und blassrosa bis weiß. Im Verblühen verfärben sie sich rosarot. Es handelt sich bei ihr um eine unbekanntere japanische Sorte und eine der wenigen mit kugeligen Blütenständen, die eindeutig von *H. serrata* abstammt.

H. ‘Blaumeise’

H. ‘Blaumeise’ wird häufig auch als ‘Teller blau’ angeboten. Was ein Unsinn! Tatsächlich gehört ‘Blaumeise’ zu einer Gruppe von Züchtungen, die in den Siebziger Jahren in Wädenswil, nahe Zürich unter Fritz Meier entstanden sind. Damals wurden über 20 neue Sorten benannt, die alle von *H. macrophylla* abstammen. Sehr große Blütenschirme zeichnen sie aus, daher auch der Name „Teller“, der für die gesamte Gruppe gilt. Das Spektrum der damals erreichten Farben geht von Weiß über Blau zu Rosa. Für alle wählte man Namen von Vögeln. Die Namen sind übrigens verbindlich und dürfen keinesfalls in eine andere Sprache übersetzt werden. Die Blütenfarbe von ‘Blaumeise’ ist abhängig vom pH-Wert des Bodens und kann auch ein prachtvolles Rosa annehmen. Diese überzeugende Pflanze bezaubert im Herbst mit einer metallisch blaugrünen Verfärbung der Blütenstände. Und bedenken Sie bei Ihrer Wahl – die Pflanze erreicht leicht eine Höhe von 2 m und mehr.

› Macrophylla

H. serrata 'Blue Billow'

***H. serrata* 'Blue Billow'** wurde aus Samen von koreanischen Wildformen gezüchtet, die Richard Light auf einer Reise gesammelt hatte. Die sterilen Blüten der Blütenschirme sind überwiegend doppelt, da sie in zwei Kreisen angeordnet sind. Elegant bis verspielt wirkt die graublaue, weiße oder altrosa Färbung der Blüten, beinahe verträumt. Die mattgrünen Blätter haben eingezogene Blattnerven, wie auch bei anderen aus Korea stammenden Sorten, z. B. 'Spreading Beauty'. Ihr herbstliches Farbenspiel ist prächtig purpurrot.

H. serrata 'Bluebird'

***H. serrata* 'Bluebird'** ist in unserem Klima zweifellos nach wie vor eine gute Wahl für den beginnenden Hortensienliebhaber. 'Bluebird' entwickelt sich zu einem gut 1 m hohen, kompakten Busch mit unzähligen tellerförmigen Blütenschirmen, ist also ein Lacecap-Typ. Seine mittigen fertilen Blüten sind blau, während die sterilen Randblüten weiß aufblühen, sich dann aber ziemlich schnell hellblau verfärben: ein Farbspektakel. Wie bei allen schirmförmigen Blütenständen der Hortensien verändern die sterilen Blüten nach der Bestäubung durch die fruchtbaren Blüten ihre Farbe. Die Verfärbung fällt oft spektakulär rot aus wie bei 'Beni Gaku' oder eher rosa wie hier.

H. 'Blue Deckle'

***H.* 'Blue Deckle'** wurde von dem Züchter Michael Haworth-Booth mit dem Ziel selektiert, ein farbliches Pendant zu 'Générale Vicomtesse de Vibraye' (s. Seite 85) zu erhalten. Das ist mehr als gelungen. Der hellblaue bis zartrosa Farbton der gezähnten sterilen Blüten ist fantastisch! Allerdings sollte man einen geeigneten Standort wählen. 'Blue Deckle' wird zu *H. serrata* gerechnet, braucht aber für meinen Geschmack etwas mehr Sonne, als man bei dieser Art erwarten würde. In jedem Falle handelt es sich um eine der allerschönsten Sorten. Mit maximal 1 m Höhe ist sie wirklich für jeden Garten geeignet.
› Serrata

H. 'Blue Wave'

***H.* 'Blue Wave'** wird in den Niederlanden und in Frankreich auch unter dem Namen 'Mariesii Perfecta' angeboten. Das kommt daher, dass diese Sorte aus Sämlingen von 'Mariesii' entstand. Die Selektion wurde 1904 von Lemoine durchgeführt. Der Name 'Blue Wave' kann etwas irreführen, denn die sterilen Blüten können je nach pH-Wert des Bodens auch eine cyclamrote anstelle der blauen Farbe annehmen. Die Pflanze entwickelt sich zu einem kompakten Busch, der 2 m hoch und ebenso breit werden kann. Aber in welcher Farbe sie auch blüht, 'Blue Wave' ist eine imposante Erscheinung und besonders zu empfehlen.
› Macrophylla

H. 'Dancing Lady'

***H.* 'Dancing Lady'** gehört mit gut 1 m Höhe zu den niedrigeren Sorten. Die fruchtbaren Blüten ihres Schirms sind lila, umgeben von lila- bis rosafarbenen sterilen Randblüten. Eine ausgewogene schöne Hortensie, die 1992 von Darthuiser Kwekerijen (Niederlande) auf den Markt gebracht wurde.

› MACROPHYLLA

H. serrata 'Diadem'

***H. serrata* 'Diadem'** wird nur etwa 80 cm hoch. Ihre eleganten Blütenschirme sind klein, aber vielleicht gerade deshalb so charmant. Die sterilen Schaublüten können leicht gezähnte Ränder aufweisen. Der Blütenschirm ist nicht ganz flach, sondern eher kuppelförmig. Sowohl in Blau als auch in Rosa ist es eine attraktive Sorte. Sie ist eine gute Wahl für einen kleinen Garten und wurde gezüchtet von Michael Haworth-Booth (England).

H. 'Domotoi'

***H.* 'Domotoi'** ist eine alte japanische Sorte, die bei fruchtbarem Boden nach Beobachtung von Haworth-Booth eine sogenannte Verbänderung oder Fasziation entwickeln kann. Diese zeigt sich in einer platten Verwachsung der Stängel, eine eher seltene Wachstumsstörung, die ähnlich bei Salix udensis 'Sekka', der Drachenweide auftritt. Die hellblauen bis hellrosa sterilen Randblüten von 'Domotoi' sind groß und stehen häufig in zwei Reihen.

› Macrophylla

H. 'Dr. Jean Varnier'

***H.* 'Dr. Jean Varnier'** ist eine Mutante von 'Lanarth White'. Diese beiden charmanten Pflanzen gleichen sich wie eineiige Zwillinge, sie unterscheiden sich nur in der Farbe. 'Dr. Jean Varnier' blüht hellrosa. Sie entstand ohne Zutun im Garten von Dr. Varnier als spontane Mutation und wurde der Öffentlichkeit auf der Jounées des Plantes in Courson 1998 zum ersten Mal vorgestellt. Sie ist eine äußerst wertvolle Pflanze, einigermaßen trockenheitsverträglich und entwickelt auch im Halbschatten reichlich Blüten.

› Macrophylla

H. 'Eisvogel'

***H.* 'Eisvogel'** stammt aus der Reihe der „Teller"-Züchtungen aus Wädenswil. Die Farbe ihrer sterilen Blüten wechselt: Auf saurem Boden sind sie etwas mehr blau, auf einem Boden mit alkalischer Tendenz werden die Blüten schön rosa. In meiner Sammlung ist der Boden nicht besonders sauer, dadurch sind die Blüten kraftvoll purpur mit einem Hauch von Rosa. Van Gelderen gibt zu bedenken, die Pflanze sei für Chlorose empfindlich. Möglicherweise liegt das an den Böden in Boskoop, denn ich kann diese Empfindlichkeit nicht bestätigen. Bei ausreichender Nährstoffversorgung gedeiht sie in unserer Kollektion prächtig.

› MACROPHYLLA

H. 'Elster'

***H.* 'Elster'**, ebenfalls eine Sorte aus der Schweizer „Teller"-Reihe, entwickelt sich zu einem wüchsigen, kräftigen Strauch. In unserem Garten ist die Pflanze circa 2 m hoch und ebenso breit geworden. Sie blüht überreich. Mittelgroße Blütenteller aus blauen fruchtbaren Blüten sind umrahmt von einem Kranz weißer steriler Blüten. Im Gegensatz zu 'Libelle', einer anderen weißen Sorte dieser Gruppe, sind hier die Kelchblätter flach.

› MACROPHYLLA

H. 'Endless Summer'

H. 'Endless Summer' wurde mit großem Getöse angekündigt als die einzige Hortensie, die den ganzen Sommer hindurch blüht. Sie wurde 2004 auf den Markt gebracht. Zuvor war eine gigantische Werbekampagne organisiert. 1,8 millionen Dollar wurden schon ausgegeben, bevor auch nur eine Pflanze verkauft worden war. Im Januar 2007 waren dann 5 millionen Exemplare verkauft. Leider ist sie ausgesprochen sonnenempfindlich und weder Farbe noch Form der rosa bis blauen Blütenstände sind besonders interessant. Bestenfalls ist 'Endless Summer' eine ausdauernd blühende Sorte, die bis Oktober regelmäßig neue Blütenkugeln bildet. In unserem Klima benötigt sie für meinen Geschmack zu viel Pflege und Aufmerksamkeit. Folgenden Versuch führte ich mit ihr und einigen anderen Hortensien durch: In südlicher Lage pflanzte ich sie zwischen hohes Gras. Durch Hitze und Trockenheit verschwand sie einfach, während andere überlebten. In Nordlage bildete sie keine Blüten, sondern nur Blätter. Im leichten Halbschatten blühte sie, allerdings waren die Blütenkugeln viel kleiner, blühten aber bis Oktober, mit regelmäßigen Schäden durch Sonne und Hitze. Fazit: sicherlich keine schlechte Pflanze, aber den Erwartungen konnte sie keinesfalls Stand halten. Wenn Sie es versuchen wollen, setzen Sie sie an einen geschützten halbschattigen Standort in nährstoffreiche Erde.

Jüngster Spross aus dieser Serie ist 'Twist-n-Shout'™. Diese Sorte hat schirmförmige Blütenstände, ist also ein Lacecap-Typ. Ihre sterilen Schaublüten sind cyclamrosa bis blau, je nach pH-Wert des Bodens, und die fruchtbaren Blüten tiefblau. Tiefrote Stängel und eine attraktive Herbstfärbung sind weitere optische Pluspunkte dieser Neuheit. Auch 'Twist-n-Shout'™ soll angeblich durchgehend blühen wie 'Endless Summer', aber hier wird in der Zukunft erst klar werden, ob sie die Erwartungen erfüllen kann. In dieselbe Reihe gehört auch 'Blushing Bride', eine nachblühende weiße Ball-Hortensie. Wir hoffen auf erfolgreiche Weiterentwicklung dieser Sorten.

› MACROPHYLLA

Hydrangeum

Vor ein paar Jahren schloss sich eine Anzahl von Hortensienliebhabern zusammen, um im Hydrangeum ihren Traum von einem Hortensien-Schaugarten zu verwirklichen. Treibende Kraft waren Luc Baelemans und Georges Piens. Sie trugen über 700 Hortensienformen aus dem In- und Ausland zusammen.

So entstand 1999 in Destelbergen in Belgien auf einem alten Gärtnereigelände eine 1000 qm umfassende, öffentlich zugängliche Anlage. Das Hydrangeum besteht aus einer Sammlung, in der die Hortensien in Reihen gepflanzt vorgestellt werden, mit einem Schaugarten an der gegenüberliegenden Seite, in dem weitere 155 Hortensien-Arten und -Sorten bewundert werden können. So ist auf dem früheren Gewächshaus-Gelände heute anschaulich zu sehen, was in unserem Klima mit Hortensien alles möglich ist.

Luc Baelemans

Georges Piens

H. paniculata 'Satellite Disc'

Eine private Initiative hat das VZW Hydrangeum gegründet und unterhält den Garten. Sie informiert Interessierte, Liebhaber und Sammler über die Gattung Hydrangea und fördert das botanische Wissen rund um diese Pflanzen. Auch Züchtungs- und Kreuzungsverfahren stehen im Fokus dieser Vereinigung. So waren sie auch an der Organisation der International Conference of Hydrangeas 2007 der Universität Gent maßgeblich beteiligt und Luc Baelemans trug wesentlich zu ihrem Erfolg bei. Aufgrund ihrer Bedeutung und Größe ist die Hortensiensammlung des Hydrangeums als Satellitengarten des Botanischen Gartens in Gent registriert.

H. paniculata 'Satellite Disc' zeigt besonders große sterile Blüten in länglichen, fast zylindrischen Blütenständen. Auffällig ist die ziemlich gleichmäßige Verteilung der weißen sterilen Blüten und der fertilen Blüten. Die Pflanze wächst sehr aufrecht und blüht überreich. Luc Baelemans gab ihr diesen Namen.

H. serrata 'Forgetmenot'

***H. serrata* 'Forgetmenot'** ist auch erhältlich als 'Forget me not', aber ihr ursprünglicher Name wurde zusammen geschrieben. Er entstand auf einer Wanderung durch Domain Hemelrijk (Essen, Belgien). Eigentlich waren wir auf der Suche nach geeigneten Pflanzen für öffentliche Grünanlagen. Da entdeckten Jelena de Belder, Louis Ilsink (von Darthuizer Kwekerijen) und ich eine niedrige Bauernhortensie, alleine und vergessen unter einer Gruppe hoher Buchen. Schnell waren wir uns darüber einig, dass dieses kleine Pflänzchen mit der ausladenden, breitbuschigen Form etwas völlig Neues war. Jelena de Belder konnte sich nicht erinnern, wie und wann es hierhin gekommen war. Die kleine Hortensie war anscheinend schon von vielen völlig übersehen worden und die Farbe ihrer Schaublüten erinnerte mich an Vergissmeinnicht. Daher wurden wir uns einig, sie 'Forgetmenot' zu nennen. Auch im Garten behält das Pflänzchen seine ausladende Form und wird bestenfalls 1 m hoch. Aber Achtung! Es werden unter diesem Namen auch ähnliche Pflanzen angeboten, die höher werden und nicht so in die Breite wachsen.

H. serrata 'Fuji no Taki'

***H. serrata* 'Fuji no Taki'** wächst zu einem kleinen Strauch von weniger als 1 m Höhe heran. Sie trägt weiße, schirmförmige Blütenstände mit kleinen doppelten Blüten und einer leicht grünlichen Färbung im Zentrum, was ihr etwas verspieltes Äußeres bewirkt. Dabei überdecken die zahlreichen sterilen die fruchtbaren Blüten beinahe vollständig. Eine äußerst elegante alte Form aus Japan.

H. 'Générale Vicomtesse de Vibraye'

***H.* 'Générale Vicomtesse de Vibraye'** sollte viel häufiger angeboten werden. Sie wird über 2 m hoch mit langen Zweigen. Ihre Blütenkugeln haben einen Durchmesser von circa 15 cm, wobei die einzelnen Blüten nicht sehr groß sind. Das bewirkt aber gerade ihren eleganten Auftritt. Auf saurem Boden blüht sie zart himmelblau, auf alkalischem Boden eher rosa. Durch ihre langen Zweige ist sie empfindlich für Wind und Regen und braucht einen etwas geschützten Platz. Der Transport der Pflanze ist aufgrund der empfindlichen langen Zweige nicht ganz einfach. Davon abgesehen ist sie jedoch unkompliziert.

› MACROPHYLLA

H. 'Glowing Embers'

H. 'Glowing Embers' heißt eigentlich 'Alpenglühn', fälschlicherweise auch oft 'Alpenglühen' geschrieben. Der Name ist ein typisches Beispiel für eine schlechte und überflüssige Übersetzung. Mit ihren kugeligen Blütenständen gehört die Pflanze zum Hortensia-Typ. Der dicht verzweigte Strauch erreicht eine Höhe von circa 1,25 m. Ihre Blütenkugeln sind intensiv rosarot bis strahlend karmesinrot und verblauen auch im sauren Milieu nicht. Wegen ihrer leuchtenden Farbe und der verlässlichen Blüte ist sie geliebt und begehrt. Gezüchtet wurde sie von Brügger (Deutschland, 1950).

› Macrophylla

H. serrata 'Grayswood'

***H. serrata* 'Grayswood'** – ich nenne sie oft die große Schwester von 'Bluebird', denn sie erreicht die stattliche Größe von 2 m. Ihre Blütenschirme bestehen aus blauen fruchtbaren Blüten, die locker von blassblauen bis blass rosafarbigen Schaublüten umringt sind. Ihre Kelchblätter sind leicht gezähnt. Beim Verblühen im Herbst bieten die Randblüten ein einmaliges Farbschauspiel. Am passenden Standort, das bedeutet in diesem Falle in voller Sonne, verfärben sie sich intensiv karmesinrot bis knallrot. Am richtigen Plätzchen ist sie eine fantastische Pflanze. 1888 von Chambers von Grayswood Hill (England) eingeführt.

H. 'Hamburg'

***H.* 'Hamburg'** ist eine überzeugende Ball-Hortensie. Große rosafarbige bis purpurblaue Blütenkugeln sind dicht besetzt mit gezähnten Kelchblättern. Der gut verzweigte Strauch mit den imponierend großen Blättern sieht 'Altona' ein wenig ähnlich, aber mein persönlicher Favorit ist 'Hamburg'. Sie wurde 1931 durch Schadendorf eingeführt.

› Macrophylla

H. 'Hatsushima'

***H.* 'Hatsushima'** wird ein circa 1,5 m großer und breiter Strauch. Seine großen Blütenschirme sind mit zahllosen blauen fruchtbaren Blüten besetzt, locker umringt von einer kleinen Anzahl steriler Randblüten. Diese sind zurückhaltend blassblau bis weiß und haben glatte Ränder. Das Laub ist leicht panaschiert mit grauweißen Flecken, wie bepudert. Für Liebhaber von mehrfarbigen Blättern geeignet, aber sicherlich nicht für den breiten Geschmack.

› Macrophylla

H. serrata 'Hime Gaku'

***H. serrata* 'Hime Gaku'** wird nur knapp 1 m hoch. Ihre luftigen Blütenschirme bestehen aus relativ kleinen, zierlichen sterilen Blüten, die locker um die fruchtbaren Blüten gruppiert sind. Ihre Farbe ist identisch, meistens blau bis mauve. Diese sehr schöne, ziemlich helllaubige Pflanze aus Japan benötigt allerdings einen etwas geschützten Standort. Der offizielle Name der Pflanze ist 'Sabashi-no-so'.

H. 'Hopaline'

***H.* 'Hopaline'** überrascht uns mit einer wahren Farbmetamorphose. Nach dem Erblühen sind die Blütenkugeln grünlich, werden dann perlweiß, um sich weiter himmelblau bis zartrosa zu verfärben. Im Herbst, am Ende ihrer Blütezeit werden sie dann rosarot. Und das alles bei einem blühfreudigen, buschigen Strauch von gut 1 m Höhe. Er stammt aus der HOVARIA-Reihe, die 1996 durch Hofstede selektiert und eingeführt wurde (Niederlande).

› MACROPHYLLA

H. 'Hörnli'

***H.* 'Hörnli'** entwickelt sich zu einem dichtlaubigen niedrigen Strauch von circa 60 cm Höhe. Seine sterilen Blüten an den kugelförmigen Blütenständen haben frei stehende Kelchblätter, von denen jedes für sich ein kleines Kunstwerk ist. Ihre lockere Gruppierung mit den attraktiven Blütenblättern macht den unverwechselbaren Charme dieser Pflanzen aus. Es handelt sich wieder um eine Sorte aus Wädenswil (1952), die auch manchmal unter dem Namen 'Mini-Hörnli' angeboten wird.

› Macrophylla

H. 'Impératrice Eugenie'

***H.* 'Impératrice Eugenie'** wächst zu einem imposanten, bis 2 m hohen Strauch heran. Ihre kuppelförmigen Blütenschirme bestehen aus einem dichten Teppich von lilablauen fruchtbaren Blüten, aus dem sich weiße Staubblätter herausrecken. Umringt werden sie von zahlreichen rosaweißen bis weißblauen Randblüten. Eine ausgesprochen attraktive Sorte, die schon seit 1868 erhältlich ist.

› Serrata

H. macrophylla 'Izu no hana'

***H. macrophylla* 'Izu no hana'** wurde in Japan entdeckt und 1970 durch Hisadi Iida eingeführt. Obwohl etwas frostempfindlich, ist diese Hortensie in jedem Falle einen Versuch wert. Ihre Blütenschirme bestehen aus einer großen Gruppe von fruchtbaren rosafarbigen oder blauen Blüten, die durch relativ große Blütenblätter auffallen. Auf besonders langen Blütenstielen stehen regelmäßig darum herum verteilt einige wenige sterile Randblüten. Auch diese sind rosa oder blau und haben längliche Kelchblätter. Eine ausgesprochen hübsche Pflanze!

H. 'James Grant'

***H.* 'James Grant'** entwickelt sich zu einem großen, locker breitbuschigen Strauch, der breiter als hoch ist. Seine Höhe beträgt etwa 1,5 m bis manchmal 2,5 m. Die riesenhaften Blütenschirme von circa 25 cm Durchmesser bestehen aus rosafarbenen oder hellblauen fruchtbaren Blüten. Sterile perlweiße Randblüten bilden einen fast geschlossenen Ring, dabei tanzen regelmäßig einige aus der Reihe. Eine schöne Sorte, die aber viel Platz benötigt. Eingeführt wurde sie von Grant um circa 1960 (Graryswood Hill, England).

› Macrophylla

H. serrata 'Kiyosumi'

H. serrata 'Kiyosumi' ('Kiyosumisawa', var. *kiyosumiensis*) ist ein kleines Pflänzchen, das meistens niedriger als 1 m bleibt. Seine dunkelgrünen Blätter sind scharf gezähnt. Diese Hortensie blüht schirmförmig mit locker stehenden, purpurroten fruchtbaren Blüten, die von einem unregelmäßigen Kranz weißer steriler Blüten umrahmt werden. Diese haben abgerundete Kelchblätter mit einem rosa Rand. Ein traumhaftes Bild, das 'Kiyosumi' an einem schattigen Plätzchen jedoch viel weniger zeigt. Geben Sie daher diesem edlen Strauch einen hellen Platz, aber ohne volle Sonne. Sie ist ein Elternteil für weitere Züchtungen wie 'Love You Kiss' und 'Admiral'.

H. 'Klaveren'

H. 'Klaveren' ist, was seine Einteilung in *H. serrata* betrifft, ein Zweifelsfall. Es gibt ebenso Menschen, die diese Sorte *H. macrophylla* zuordnen. Für beides finden sich genügend Argumente. Als ich die Pflanze in den Neunziger Jahren auf der Journées des Plantes zum ersten Mal sah, war ich ausgesprochen beeindruckt. Meiner Meinung nach ist sie mit ihrer viel klareren Farbe eine deutliche Verbesserung gegenüber 'Bluebird'. Der Strauch wird circa 1,5 m hoch und circa 2 m breit, also deutlich breiter als hoch. Eine ausgezeichnete Züchtung von Michel-Kerneur (Frankreich, 1994).

› SERRATA

H. serrata 'Koreana'

***H. serrata* 'Koreana'** wird nur etwa 0,5 m hoch. Damit eignet sich dieser eher breitwüchsige Kleinstrauch perfekt für den kleinen Garten. Unscheinbare, hellrosa fruchtbare Blüten und rosa sterile Randblüten bilden filigrane Blütenschirme.

H. serrata 'Kurenai'

***H. serrata* 'Kurenai'** ist ebenfalls eine kleinwüchsige Garten-Hortensie, die niedriger als 1 m bleibt. Dabei wächst sie aufrecht. Wenn die Blütenschirme im Herbst ihre Farbe wechseln, wird es spannend. Dann färbt sich eine Fülle zierlicher Schaublüten tief weinrot. Dazu passt die bräunliche Herbstfärbung des Laubes. 'Kurenai' stammt ursprünglich aus Japan.

H. serrata 'Kurohime'

H. *serrata* 'Kurohime' ('Kuro hime') wurde uns im Arboretum Kalmthout als „Hydrangea arisai Kurohime" übergeben. „Kuro" bezieht sich auf die Farbe und bedeutet dunkelrot. „Hime" heißt im Japanischen soviel wie Brokat und wird für alles benutzt, das elegant und klein ist. Ihre Zweige sind dunkel, aber auch die sterilen Blüten haben einen tief rosafarbenen oder bläulichen Farbton. Die fruchtbaren Blüten sind dunkel purpurrosa. Eine kleine dunkle Schönheit. Wiederentdeckt bei der Restaurierung des botanischen Gartens in Nara (Japan), handelt es sich bei diesem Pflänzchen wahrscheinlich um eine sehr alte Form. Yamamoto führte sie ein.

H. 'Lanarth White'

***H.* 'Lanarth White'** wächst zu einem kompakten, mittelgroßen Strauch heran, der während der Blütezeit völlig unter einem duftigen weißen Blütenmeer aus unzähligen schneeweißen Randblüten mit spitzblättrigen Sepalen verschwindet. Die fruchtbaren Blüten sind hellrosa oder hellblau. Häufig sind an ihr gelblich weiße Blattverfärbungen zu beobachten – düngen Sie dann nicht in der irrigen Annahme, die Pflanze leide unter Nährstoffmangel. Denn dann verändert sie die Form ihrer Blütenstände. 'Lanarth White' ist eine eindrucksvolle Gartenpflanze. Benannt von Williams vor 1949 (Lanarth, England).

› MACROPHYLLA

Wim Rutten

Eigentlich waren Magnolien Wims Leidenschaft. Er hegte und pflegte sie, selektierte, züchtete, versendete. Unzählige dieser schönen Bäume fanden von hier aus ihren Weg zu den Liebhabern und Kennern dieser Welt. Ich selbst darf mich auch zu den Menschen zählen, die eine Magnolie ihr Eigen nennen und sie im Garten wachsen und gedeihen sehen können.

Aber als Wim seine Magnoliengärtnerei abgegeben hatte und nur noch ein sehr reduziertes Sortiment per Internet vertrieb, wendete er sich dem Sammeln von Hortensien zu. Mit Ausnahme von Macrophyllas sammelte er alle Hortensien-Arten und innerhalb kurzer Zeit wurde sein Garten zu einem wahren Mekka der Liebhaber von seltenen Hortensien. Natürlich konnte es nicht lange beim reinen Sammeln und Pflegen bleiben, denn in seinem Innersten war Wim immer Züchter. Und so begann er zu experimentieren. Er säte und selektierte und war wieder ganz in seinem Element. Die schon erwähnte *H. paniculata* 'Wim's Red'® und die *H. involucrata* 'Late Love' sind zwei Beispiele seiner Zuchterfolge.

Wim hatte noch viele Pläne, aber das Schicksal hatte es anders beschlossen. 2006 machte eine schwere Krankheit allen Plänen ein Ende. Noch auf dem Sterbebett war er in Gedanken auch bei seinen Pflanzen. Es standen immerhin noch mehr als 1000 Sämlinge in seinem Garten und warteten auf seine kritische Bewertung. In einem Brief trug er Jan Oprins und mir auf, die Pflege der Pflanzen zu übernehmen. Das war natürlich eine Ehrensache für uns! Wir waren vor allem stolz, dass er uns die Pflanzen anvertraute.

Auf Initiative von Jan Oprins wird in Kürze ein neues Arboretum entstehen, das Arboretum von Merksplas, Belgien. Hier wird das Erbe von Wim Rutten seinen besonderen Platz einnehmen. Wim, in deinem Garten bleibst du uns in ewiger Erinnerung. Wir werden dich nie vergessen.

Dieses Buch ist Wim Rutten gewidmet.

Hydrangea paniculata 'Wims Red'®

Diese Sorte zu Ehren von Wim Rutten wird von Jan Oprins exklusiv angeboten und ist geschützt. Sie wurde von Rutten, Oprins und van Trier aus einer Serie von Pflanzen selektiert. Mit Zustimmung von Wim nannten wir sie 'Wim's Red'®. Es handelt sich höchstwahrscheinlich um eine Hybride von *H. paniculata* 'Dharuma' und 'Pink Diamond'. Die Mutterpflanze zeichnet sich durch große, regelmäßig geformte Rispen aus, mit einer gleichmäßigen Verteilung von sterilen und fertilen Blüten. Dieser Effekt wird durch die rötliche Färbung des jungen Holzes noch verstärkt. Schnell färben sich die sterilen Blüten rosa und nach Bestäubung durch die fruchtbaren Blüten vertieft sich ihre Farbe zu einem feurigen Rot.

Hier eine Liste der Eigenschaften dieser besonderen Sorte:

- Sie ist sehr blühfreudig mit einem schönen Farbenspiel von rosa Blüten und rötlichem Holz.
- Ihre regelmäßig geformten Blütenrispen sind von intensiver Farbe.
- Die sterilen Blüten stehen aufrecht auf langen Blütenstielen.
- Ihre Endgröße ist noch unbekannt, sie ist gut schnittverträglich.
- Da trockenheitsverträglich, ist sie auch für sonnige Standorte geeignet.
- Und sie ist als Solitär geeignet!

H. 'La France'

H. 'La France' ist eine dichtbuschig wachsende Ball-Hortensie, die circa 1,5 m hoch und ebenso breit wird. Sie blüht reichlich und zuverlässig mit dichten Blütenkugeln in Rosa bis Himmelblau. Als stabile Sorte kommt sie auch mit einem weniger günstigen Standort oder extremen klimatischen Umständen gut zurecht. Allein deshalb ist sie schon eine wertvolle Pflanze. Selektiert und eingeführt wurde sie von Baardse (Niederlande, 1915).

› Macrophylla

H. 'Libelle'

H. 'Libelle' wird auch häufig als 'Teller White' angeboten. Eine schöne mittelgroße Pflanze, die bedauerlicherweise etwas unter schwachen Zweigen zu leiden hat. Sie überrascht mit ihren stahlblauen fruchtbaren Innenblüten, die wunderbar zu den strahlend weißen Randblüten mit hellgrüner Blütenmitte kontrastieren. Die ringsum stehenden sterilen Blüten bilden Zweierreihen, charakteristisch für sie ist ihre konkave Form. Im Laufe der Blütezeit wird die Form flacher. Der Strauch fällt leicht auseinander. Ansonsten eine bezaubernde Pflanze.

› Macrophylla

H. 'Mariesii'

***H.* 'Mariesii'** war ein Elternteil bei Züchtungen wie 'Blue Wave' ('Mariesii Perfecta'), 'Mariesii Lilacina' und 'White Wave' ('Mariesii Grandiflora'). 'Mariesii' selbst ist ein großer Strauch, dessen Blütenstände zwischen Schirm- und Kugelblüten einzuordnen sind. Abhängig vom Boden-pH sind die fertilen und sterilen Blüten zartrosa oder hellblau. Die Pflanze kam 1879 aus Japan nach Europa. Sie wurde durch den Pflanzenjäger Charles Maries mitgebracht, der damals für Veitch Nurseries (England) arbeitete.

› Macrophylla

H. 'Mariesii Lilacina'

***H.* 'Mariesii Lilacina'** ('Lilacina') ist ein von Lemoine in Nancy, Frankreich, selektierter Sämling von 'Mariesii'. Dieser stattliche Strauch mit einer Höhe von circa 2 m trägt schirmförmige Blütenstände mit rosafarbigen oder blauen Blüten. Die Randblüten sind etwas heller und haben fröhlich gezackte Ränder. Die Pflanze hat eine sehr natürliche Ausstrahlung und ist auch ausgezeichnet für eine gemischte Rabatte geeignet.

› Macrophylla

H. 'Mirai'

***H.* 'Mirai'** ist sozusagen die Hortensia-Form von 'Kiyosumi'. Der Strauch wird etwa 1 m hoch. Seine Blätter treiben bronzerot aus und färben sich dann dunkelgrün. Die kugeligen Blütenstände zeigen perlweiße Blüten mit scharf gezeichnetem, tiefrosafarbenem Rand. Sie blüht sehr früh und ausdauernd. Setzen Sie sie aber an einen geschützten Platz. Eingeführt wurde sie durch Yatabe Mototeru (Japan).

› Macrophylla

H. 'Mme Emile Mouillère'

***H.* 'Mme Emile Mouillère'** blüht am einjährigen Holz und kann daher auch leicht im Gewächshaus zur Blüte gebracht werden. Auch im Garten ist das ein Vorteil. Wenn der Frost die ersten Blüten schädigt, so entwickelt sie trotzdem noch bis Oktober stets neue. In den weißen Blüten zeigt sich manchmal, aber nicht immer, eine rosafarbene oder hellblaue Mitte. Im Wuchs ist die Pflanze leider nicht so zufriedenstellend. Die schwachen Zweige lassen die Pflanze leicht auseinanderfallen. Eingeführt wurde sie von Moullière (Frankreich, 1909).

› Macrophylla

H. serrata 'Mount Aso'

H. *serrata* 'Mount Aso' (auch 'Mont Aso') wird ungefähr 1 m hoch und bildet zahllose Blütenschirme. Sowohl ihre fruchtbaren als auch die sterilen Blüten sind rosafarben. Beim Verblühen werden die Randblüten blasser und zeigen im Herbst ein beeindruckendes Farbenspiel in Gold, Rotbraun und Braunrot. Eine überzeugende Züchtung von Robert und Jelena de Belder aus Samen, die sie im Umkreis des Mount Aso (Kyushu, Japan) gesammelt hatten.

H. 'Mousmée'

H. 'Mousmée' (Syn. 'Aduarda') ist ein starkwüchsiger Strauch, der 2 m hoch und noch breiter werden kann. Er ist sehr blühfreudig mit großen Blütenschirmen von ungefähr 20 cm Durchmesser. Sowohl in Blau als auch in Rosa ist diese prächtige Hortensie eine echte Bereicherung für jeden, der genügend Platz in seinem Garten hat. Sie wurde eingeführt von Talbot (England, 1960).

› Macrophylla

H. 'Nadeshiko'

H. 'Nadeshiko' (syn. 'Nadeshiko Gaku' oder auch *H. serrata* 'Nadeshiko Gaku') entwickelt sich zu einem eleganten Strauch von ungefähr 1,5 m Höhe. Seine großen Blütenschirme bestechen durch den Kontrast von blauen fruchtbaren Blüten und weißen sterilen Randblüten. An den reinweißen Kelchblättern fallen ihre gezackten Ränder auf. In voller Blüte ist sie eine prachtvolle Erscheinung. Yamamoto schreibt: „Diese Pflanze wurde im östlichen Izu entdeckt. Die Zähne der Sepalen sind auffallend."

› Macrophylla

H. 'Nigra'

H. 'Nigra' erhielt ihren Namen aufgrund der dunklen, fast schwarzen Zweige. Der Hortensia-Typ mit den zartrosa oder blassblauen Blütenkugeln bildet einen stattlichen Strauch von circa 2 m Höhe. Für Sammler ist er wegen der interessanten Zweigfarbe interessant, ansonsten eher langweilig. Mittlerweile gibt es andere Sorten mit schwarzer Zweigfarbe, die vielversprechender sind. (Wilson, China, 1853).

› Macrophylla

H. serrata 'Oamacha'

***H. serrata* 'Oamacha'** wird circa 1,5 m hoch und ebenso breit. Diese dichtlaubige Strauch-Hortensie gehört zur Amacha-Gruppe – das bedeutet, ihre Blätter werden in ihrer Heimat Japan für Tee verwendet. Die zarten Blütenschirme tragen blaue fertile Blüten. Die abgerundeten Sepalen der sterilen Randblüten verfärben sich violett-rosa. Im Herbst zeigt das Laub eine traumhafte Färbung ins Purpurrot. Von Makino wurde sie in Japan 1928 eingeführt.

H. serrata 'Odoriko Amacha'

***H. serrata* 'Odoriko Amacha'** ist eine weitere Sorte aus der Amacha-Gruppe. Auffällig sind hier die fruchtbaren Blüten im Zentrum des Blütenstandes mit ihren ungewöhnlich langen Staubgefäßen. Sie sind lilablau, während die sterilen Randblüten reinweiß sind. Laut Yamamoto ist 'Odoriko Amacha' als natürlicher Sämling aus 'Amagi Amacha' entstanden. Die lanzettförmigen Blätter sind beinahe exakte Kopien der Blätter von 'Amagi Amacha'.

H. macrophylla 'Otaksa'

***H. macrophylla* 'Otaksa'** wurde durch von Siebold in seiner „Flora Japonica" benannt und beschrieben. Er tat dies in bittersüßer Erinnerung an seine japanische Geliebte, Kusomoto Taki. 1823 lernte er die japanische Schöne kennen. Da war Siebold selbst 27 Jahre alt. Eine stürmische Liebe entflammte, aber eine gemischte Ehe war damals nicht nur undenkbar, sondern auch verboten. Sie blieben doch zusammen. Als Courtisane ließ sich Taki Sonogi nennen. Von Siebold nannte sie Otaksu, wahrscheinlich eine Kurzform von O-taki-san, was soviel bedeutet wie „verehrte Jungfrau Taki". 1928 bekamen sie eine Tochter, O-Ine, die später eine geachtete Frauenärztin wurde. Sie starb 1903. Als von Siebold 1829 verbannt wurde, musste er Taki und seine Tochter zurücklassen. Erst Jahre später, als von Siebold als Ratgeber wieder willkommen war, sahen sie sich wieder. Aber inzwischen waren beide mit anderen Partnern verheiratet.

Die Hortensie 'Otaksa' ist eine Ball-Hortensie, mit relativ flachen Blütenkugeln. Sie sind groß, fast 20 cm im Durchmesser und ähneln auffallend 'Joseph Banks', obwohl 'Otaksa' aus China stammt. Eine genetische Analyse könnte hierüber eventuell Aufschluss geben. Jedenfalls kam damals im Arboretum Kalmthout eine Pflanze zu uns, die 'Ayesha' genannt wurde. Man sagte von ihr, sie sei eine Form von var. *otaksa*. Andere wiederum behaupteten, sie sei eine Mutante von 'Joseph Banks', dann aber in Japan entstanden. Das gibt zu denken.

H. serrata 'Otsu hime'

***H. serrata* 'Otsu hime'** wird nur circa 80 cm hoch. Die lanzettförmigen Blätter dieser Garten-Hortensie sind klein und schmal. Ihre transparent wirkenden, losen Blütenschirme sind recht locker mit rosa Blüten besetzt. Manchmal wird sie mit 'Oto hime' verwechselt. Dieser ebenfalls kleine Strauch hat jedoch überlappende Sepalen, die sich nach der Blüte feuerrot färben.

H. 'Professor Iida'

***H.* 'Professor Iida'** bleibt ebenfalls ein relativ kleiner Strauch mit weißen fertilen und sterilen Blüten. Die weißen, mit abgerundeter Spitze endenden Kelchblätter der sterilen Blüten bilden einen starken Kontrast zum dunkelgrünen Laub. Der Weiß-neben-Weiß-Effekt ihrer Blüten macht sie zu einem wertvollen Kleinstrauch.

› Serrata

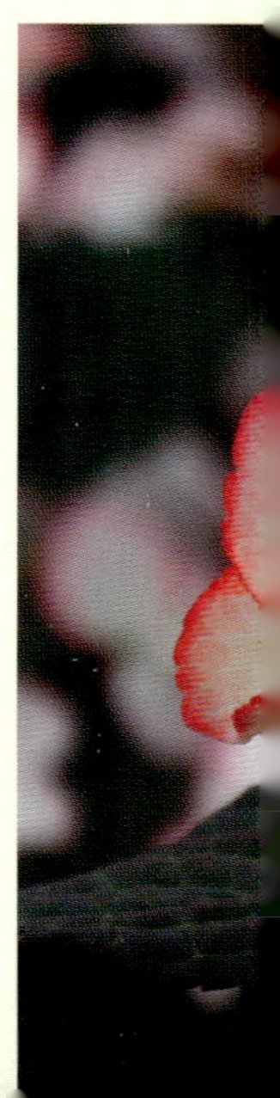

Marie-France Doll

Südfrankreich hat das perfekte Klima für Hortensien. Durch sein mildes Seeklima, in dem die Temperatur eigentlich nie unter −5 °C fällt, ist es ein wahres Paradies für Hortensien. Und hier liegt im Arrondissement Quimper das malerische Küstenstädtchen La Forêt-Fouesnant. Hier lebt Marie-France Doll. Sie ist schon seit mehr als 10 Jahren mit dem Sammeln und Selektieren vorzugsweise von Macrophylla- und Serrata-Sorten beschäftigt.

Ein Besuch ihrer einzigartigen Kollektion ist ein Erlebnis. Mehr als 3000 ausgewachsene Hortensienpflanzen stehen hier in voller Pracht. Sie bieten in voller Blüte ein faszinierendes Spiel von Licht und Schatten. Die Nähe des Meeres und das intensive Licht Südfrankreichs machen die Farben strahlend, ja malerisch. Ein solches Blau wie dort habe ich noch nicht gesehen. Auch die Pflanzen selbst tragen zu diesem Bild bei, denn sie strotzen vor Gesundheit. Hier ist wirklich der beste Platz, den es für Hortensien geben kann, abgesehen vielleicht von ihrer ursprünglichen Heimat. Und mit einer Gärtnerin wie Marie-France Doll, die die Pflanzen verwöhnt, brillieren die Pflanzen wie sonst nirgendwo. Einzelne Pflanzen aus ihrer Kollektion fanden den Weg in die Gärtnereien der Welt. Sie werden registriert und von SAPHO in Frankreich vertrieben.

Avelroz® 'Dolmyf'

Avelroz® 'Dolmyf' ist die Erste aus einer Dreierreihe. Die Serrata-Form wird circa 1 m hoch und blüht von Juni bis Juli schirmförmig. Im Zentrum des Blütenstandes stehen rosafarbene fertile Blüten, die von einem Kranz tief rosaroter steriler Schaublüten umringt werden. Die sterilen Schaublüten strahlen förmlich durch ihre helle Blütenmitte, die im Herbst prächtig rotpurpur wird. Diese überzeugende Garten-Hortensie wächst kompakt und ist blühfreudig.

Dolce® Gipsy 'Dolgrip'

Dolce® Gipsy 'Dolgrip' ist eine Neuheit aus der Macrophylla-Gruppe. Der Strauch mit seinen bronzefarbenen Jungsprossen wird circa 1,2 m hoch und wächst kugelförmig. Seine schirmförmigen Blüten zeigen ein Farbspiel von Rosa bis Pink. Die sterilen Randblüten sind erst weiß, verfärben sich dann rosarot und verblühen tief altrosa.

Dolce® Kiss 'Dolkis'

Dolce® Kiss 'Dolkis' könnte man einfach umschreiben als eine verbesserte Form von 'Kiyosumi'. Der rosarote gezackte Rand der Schaublüten ist noch ausgeprägter, was den Kontrast zu dem hellen, fast weißen Zentrum verstärkt. Das Rotbronze der Blätter verstärkt den Farbkontrast noch. Der Strauch wird circa 1,5 m hoch und blüht im Sommer am einjährigen Holz. Manchmal gibt es eine zweite Blüte.

H. 'Renate Steiniger'

***H.* 'Renate Steiniger'** ist eine der besseren blauen Hortensia-Typen. In alkalischem Boden werden die Blüten aber leicht purpurrosa. Die Blütentrauben haben einen Durchmesser von circa 15 cm. 'Renate Steiniger' ist auch für die Topfkultur geeignet. Diese Hortensie wird manchmal als 'Renate' oder einfach als 'Steiniger' angeboten. August Steiniger führte sie 1964 in Deutschland ein.

› Macrophylla

H. 'Rotkehlchen'

***H.* 'Rotkehlchen'** gehört zur Teller-Gruppe, ist aber weniger wüchsig als die meisten anderen. Sie wird etwa 1 m hoch und trägt Blütenschirme mit tiefroten sterilen Blüten. Im Kontrast dazu sind die fruchtbaren Blüten in der Mitte rosarot. Diese attraktive Teller-Hortensie passt gut in einen kleinen Garten und ist auch für die Topfkultur geeignet.

› Macrophylla

H. macrophylla 'Seafoam'

***H. macrophylla* 'Seafoam'** entwickelt sich zu einem stattlichen Strauch von sicherlich 2 m Höhe und wird ebenso breit. Er blüht nicht ausdauernd, aber wenn er blüht, sind seine Blütenschirme wunderschön. Die fruchtbaren Blüten sind rosa oder blau, die sterilen Randblüten fast weiß. Diese Garten-Hortensie soll der Urform ähneln und stammt ursprünglich aus Japan. Geben Sie dieser Form einen etwas geschützten Standort, um sie vor Wind und strengem Frost zu schützen.

H. 'Semperflorens'

***H.* 'Semperflorens'** ist ein recht ausdauernd blühender Hortensientyp, der zu einem kleinen Strauch von maximal 1 m heranwächst. Die Farbe seiner sterilen Blüten ist lilarosa und die Sepalen sind lustig gepunktet. Eigentlich eine schöne Form, die aber selten angeboten wird.

› Serrata

H. serrata 'Shiro Fuji'

***H. serrata* 'Shiro Fuji'** ist laut Yamamoto kaum von 'Shirotae' zu unterscheiden. In meiner Kollektion aber erscheint mir 'Shiro Fuji' doch wesentlich stabiler. Die Lacecap-Hortensie entwickelt sich zu einem aufrecht wachsenden Strauch, mit charmant unregelmäßigen Blütenschirmen. Sie trägt weiße fruchtbare Blüten und doppelte weiße sterile. Während ich mit 'Shirotae' wenig Glück habe, wächst und gedeiht 'Shiro Fuji' in meiner Kollektion ausgezeichnet. Bitte nicht mit 'Shiro Fuiri' verwechseln, die buntblättrig ist.

H. 'Shiro Gaku'

***H.* 'Shiro Gaku'** wird ungefähr 1 m hoch. Der kleine Strauch trägt schmalblättriges und ziemlich glänzendes Laub. Seine auffällig großen Blütenschirme bestehen aus fruchtbaren und sterilen Blüten, die gleichermaßen weiß sind. Im Gegensatz zu 'Shiro Fuji' sind die sterilen Randblüten einfach und mit zarten Punkten besprenkelt.

› SERRATA

H. serrata 'Spreading Beauty'

***H. serrata* 'Spreading Beauty'** ist eine von zwei Neueinführungen von Jelena und Robert de Belden. Sie stammt von dem Berg Hallasan in Korea und wird manchmal als 'Hallasan' angeboten. Typ I der mitgebrachten Pflanzen erhielt den Namen 'Spreading Beauty', Typ II ist nicht weit verbreitet, er wächst etwas aufrechter. 'Spreading Beauty' ist eher breit wachsend, was ihr ein fast kuppelförmiges Aussehen gibt. Sie blüht rosafarbig bis violettrosa, ihre Blüten bestehen manchmal aus zwei Kreisen von Kelchblättern. Das dickblättrige Laub zeigt im Herbst eine schöne Verfärbung. Siehe auch die Anmerkungen bei 'Blue Billow', Seite 76.

H. 'Taren Beni Gaku'

***H.* 'Taren Beni Gaku'** ist eine Sorte aus der Serie von 'Beni Gaku'. In meiner Kollektion wird dieser Strauch deutlich höher und ist insgesamt kräftiger als die anderen. Im Verblühen färben sich die Blüten feurig rot. Eine wunderschöne Pflanze.

› Serrata

H. serrata 'Tokyo Delight'

***H. serrata* 'Tokyo Delight'** ist eine traumhaft schöne Pflanze aus Japan, die bis zu 2 m hoch wird. Ihre Blütenschirme tragen blaue fruchtbare Blüten, die von einem Kranz weißer steriler Blüten umringt sind. Die weißen Kelchblätter der Randblüten sind adrett gezackt, was der gesamten Pflanze eine elegantere Ausstrahlung gibt. L. de Rothschild führte die Pflanze ein.

H. macrophylla 'Tricolor'

***H. macrophylla* 'Tricolor'** ist eigentlich eine Blattpflanze, die auch blüht. Aber typischer als ihre Blüte ist ihr grün, weiß und gelb geflecktes Laub. Die weiß geränderten Blätter sind zum Blattnerv hin gelblich grün. Geben Sie dieser Pflanze einen geschützten Platz. Volle Sonne verträgt sie nicht. Dies ist eine schon sehr alte Form, die bereits seit dem 19. Jahrhundert aus Italien bekannt ist.

H. 'Veerle'®

***H.* 'Veerle'®** ist meine eigene Züchtung aus dem Jahre 1995. Die Samen habe ich in der offenen Landschaft im Norden von Honshu gesammelt. Dieser Strauch unterscheidet sich von der im Handel erhältlichen Unterart subsp. *yezoensis* durch die Blütenfarbe. *H.* 'Veerle'® ist leuchtend stahlblau oder rosa. Zum Herbst hin verfärben sich die Blüten rot oder lilarot. Dann zeigt dieser zauberhafte Strauch noch eine zweite Blüte, bei der die Blüten aber kleiner sind, manchmal vollständig aus sterilen Blüten bestehen. Benannt ist sie nach meiner Nichte. Eingeführt durch Oprins Plant, Rijkevorsel in Belgien.

› Serrata subsp. yezoensis

H. 'Veitchii'

***H.* 'Veitchii'** entwickelt sich zu einem großen Strauch. Die Höhe eines ausgewachsenen Exemplares beträgt circa 2 m, die Breite oft noch mehr. Denn jeder Zweig, der die Erde berührt, wurzelt und bildet neue Triebe. Dadurch kann der Strauch schnell große Flächen einnehmen. Die fruchtbaren Blüten seiner Blütenschirme sind blau oder rosa, die sterilen Randblüten perlweiß mit vier oder auch nur drei regelmäßig geformten Kelchblättern (Sepalen). Eine edle und dabei äußerst robuste Pflanze, die gewappnet ist gegen alles, was die Natur so zu bieten hat. Charles Maries führte sie für die Veitch Nurseries 1881 ein.

› Macrophylla

H. serrata 'Warabe'

***H. serrata* 'Warabe'** ist eine Hortensie mit weißen Blüten, die sich rosa bis pink verfärben, wenn sie verblühen. Dies ist jedoch nicht sehr regelmäßig und wirkt irgendwie schmutzig. In meiner Kollektion ist der kleine Strauch, der nicht höher als 60 cm wird, allerdings sehenswert. Er bietet einen Kontrast zu anderen, eher langweiligen Sorten. Innerhalb der Serrata-Gruppe ist sie eine der wenigen mit kugeligen Blütenständen.

H. 'White Ball'

***H.* 'White Ball'** ist eine Neuheit auf dem Markt. Wie der Name schon verrät, ist diese Pflanze ein Hortensia-Typ mit weißen Blüten. Ihre Sepalen sind gewellt, was der Blütenkugel einen ganz besonderen Ausdruck verleiht. Die Zweige sind dagegen eher dunkel, fast schwarz. So entsteht ein fantastischer Kontrast. Über die Endgröße des ausgewachsenen Strauches sowie über seine Winterhärte gibt es noch keine Erkenntnisse.

› Macrophylla

H. 'White Wave'

H. 'White Wave' würde man besser 'Mariesii Grandiflora' nennen. Diese zauberhafte Hortensie stammt von 'Mariesii' ab und wurde von Lemoine in Nancy, Frankreich, 1902 selektiert und vermehrt. Der stattliche Strauch wird leicht 1,5 m hoch und noch breiter. Seine sterilen Blüten sind reinweiß mit leicht gewellten Kelchblättern. Die Sorte ähnelt 'Veitchii', ist aber nicht ganz so wüchsig wie diese.

H. serrata 'Wilsonii'

***H. serrata* 'Wilsonii'** ist eine Zwerghortensie mit kleinen spitzen Blättern und niedlichen rosafarbenen Blütenschirmen. Sie wird nicht mehr als 1 m hoch und bevorzugt einen Standort im Halbschatten, z.B. unter Bäumen.

› Macrophylla

H. serrata 'Wryneck'

***H. serrata* 'Wryneck'** hat bei einer Größe von gut 1 m relativ dünne Triebe. Die Verwandtschaft dieses Strauches mit der Yezoensis-Gruppe ist ihm förmlich anzusehen. Seine Blütenform ist dementsprechend auch mehr oder weniger kugelförmig, der Blütenstand besteht hauptsächlich aus sterilen Blüten. Eine Pflanze für den fortgeschrittenen Liebhaber.

H. serrata 'Yae no amacha'

***H. serrata* 'Yae no amacha'** wird gut 1 m hoch und auch breit. Diese Sorte stammt aus der Amacha-Gruppe, aber ihre sterilen Blüten stehen in zwei Kreisen angeordnet, also doppelt. Die Farbe der abgerundeten Kelchblätter ist rosa bis lilarosa. Diese aparte Erscheinung ist sicherlich nicht etwas für jeden Geschmack, aber es gibt passionierte Sammler, die ein solches Exemplar unbedingt in ihrer Sammlung haben wollen.

H. 'You're Welcome'

H. 'You're Welcome' ist der einladende Name einer kräftigen Pflanze, die in der Blütezeit über und über mit vergleichsweise kleinen Blütenschirmen besetzt ist. Sie wird circa 2 m hoch und ebenso breit. Die fertilen blauen Blüten sind locker von einem Kranz weißer bis blassblauer oder zart rosafarbener Blüten mit jeweils vier Kelchblättern umringt. Die Sepalen zeigen eine abgerundete Spitze und überlappen sich teilweise. 'You're Welcome' ist eine absolute Empfehlung, eine Prachtpflanze! (USA).

› Macrophylla

H. [Camieux S42]

H. [Camieux S42] – die Pflanzen der Camieux-Reihe sind Kreuzungen aus dem Arboretum Kalmthout. Einige Sorten davon wurden ausgewählt und weiterverbreitet. Sie alle sind standfeste, ziemlich üppige Büsche, die gut 1 m hoch und ebenso breit werden, und blühen schirmförmig, gehören also zum Lacecap-Typ. Ihre fruchtbaren Blüten sind rosa oder blau und werden von weißen sterilen Blüten umrahmt, die sich beim Verblühen sanft rosa verfärben. Einige Typen aus dieser Reihe haben gezähnte Kelchblätter. Hierzu gehört auch S42. Sie ist nach meinem persönlichen Geschmack die schönste aus der Reihe.

› Macrophylla

Maurice Foster

Vor rund 50 Jahren begann ich als Aushilfsgärtner im Garten von Michael Haworth-Booth. Damals habe ich zum ersten Mal bewusst Hortensien wahrgenommen und war sofort fasziniert. Michael Haworth-Booth hatte schon 1950 ein Buch über Hortensien geschrieben, das im Zusammenhang mit dem damals ständig wachsenden Interesse an dieser Gattung insgesamt fünf Neuauflagen erlebte. In seinem Vorwort schrieb er: „Mein Ziel ist es, noch viele unentdeckte, wilde Hortensienformen zu kultivieren."

Man ermunterte mich, aus den vielen verschiedenen Sorten besonders vielversprechende Formen und Typen herauszusuchen. Außerdem gab es seit den achtziger Jahren zahlreiche Gelegenheiten, an Expeditionen nach China, Japan, Vietnam oder Taiwan teilzunehmen. Einige wurden sogar speziell von botanischen Gärten organisiert. Auch konnte man bei bedeutenden botanischen Gärten wie Chollipo in Süd-Korea Samen der dortigen Wildformen anfordern. Wir reisten nach Bhutan. Hier wachsen *H. heteromalla*-Formen, die groß wie Bäume werden, mehr als 8 m hoch. In West-China, wo *H. aspera* ausgesprochen verbreitet ist, gibt es ebenfalls Pflanzen, die aufgrund ihrer Blütenstände und Blätterformen für heimische Gärten ausgesprochen interessant sind. Aus Japan kamen *H. scandens, H. angustifolia, H. macrophylla, H. involucrata* sowie diverse Serrata-Formen nach Europa.

Bis zum heutigen Tage haben wir drei neue Pflanzen selektiert und eingeführt: zwei Sämlinge von *H. serrata* von Michael Haworth-Booth, die wir 'Tiara' AGM RHS und 'Water Sapphire'

nannten. Die dritte wurde aus taiwanesischen Samen gezogen und heißt *H. aspera* 'Kawakami' (ex 'Taiwan') AM RHS. Die Samen sammelte der mittlerweile verstorbene Maurice Mason auf einer Reise.

Seit mehr als 60 Jahren sind wir jetzt mit dem Sammeln und Kultivieren von Hortensien beschäftigt. Und noch immer ist dies die schönste Aufgabe, die ich mir vorstellen kann: Ausprobieren, Testen, Beurteilen, Selektieren und Kultivieren von neuen Generationen von Hortensien.

H. serrata 'Tiara'

***H. serrata* 'Tiara'** wird circa 1 m hoch. Die fruchtbaren Blüten der zahlreichen, aber ziemlich kleinen Blütenschirme sind bläulich, während die sterilen Randblüten von Weiß bis Blasshimmelblau changieren. Die vier ovalen Kelchblätter haben glatte Ränder und stehen verspielt um die fertilen Blüten herum. Pluspunkt ist die lange Blütezeit der Sorte. Maurice Foster führte sie 1992 in England ein.

Hortensien im Garten

5

„Will man Hortensien als Sträucher des freien Landes behandeln, so pflanzt man sie in ein Moorbeet oder andere humusreiche Erde und giebt eine gute trockne Bedeckung. Besonders sehe man darauf, daß im Herbst die noch nicht holzigen Spitzen nicht erfrieren, weil sonst die Blühte für das kommende Jahr verloren ist. Es ist nöthig, daß der Standort ziemlich sonnig sei, denn obschon diese Sträucher schöner im Halbschatten werden, so reift doch bei der Landkultur in solchen Lagen das Holz nicht genug, um Blühten zu erzeugen. Ich empfehle aber diese Landkultur durchaus nicht. Will man Hortensien im Lande haben, so pflanze man sie alljährlich im Herbst ein, oder schlage sie auch blos im Keller ein, ehe starke Fröste kommen. Die schöne blaue Färbung läßt sich im Lande nur schwer erzeugen. Gleichwohl sah ich in den Gärten am Lago Maggiore die meisten Hortensien blau."

Hermann Jäger, Die Ziergehölze, Weimar, 1865, S. 255–256.

Mit ihren elegant gezahnten Blütenblättern ist *Hydrangea* 'Tokyo Delight' ein Schmuckstück. (links)

Berücksichtigen Sie bei der Standortplanung, dass sich die Blütenfarbe im Lauf der Saison ändert. (oben)

Die richtige Wahl

Hier zunächst ein paar Überlegungen vorweg: Jeder Garten hat bestimmte Eigenschaften hinsichtlich Bodenart und Säuregrad, er ist eher feucht oder eher trocken, verfügt über sonnige und windige Stellen – er hat insgesamt ein eigenes Mikroklima. Diesbezüglich ist jeder Garten anders. Bevor Sie aus dem großen Angebot an Hortensien eine Auswahl treffen, sollten Sie sich als Erstes über Ihren eigenen Garten und seine verschiedenen Standorte Gedanken machen.

Generationen von Gärtnern haben Formen gezüchtet, getestet und verbessert, um Pflanzen mit den für die Gartenbesitzer entscheidenden Eigenschaften zu erhalten. Jetzt ist es Ihre Aufgabe, diese wertvollen Pflanzen zu finden, die für Ihren Garten und seine individuellen Eigenschaften perfekt passen. Damit Sie sich innerhalb des breiten Angebots von Gartenmärkten und spezialisierten Zuchtbetrieben leichter zurechtfinden,

H. macrophylla: Herbstliche Färbung der Blütenkugeln bei einem Hortensia-Typ.

geben wir hier, nach Arten sortiert, ein paar handfeste Tipps.

Die meisten Sorten, die im Handel erhältlich sind, haben im weitesten Sinne eine Verwandtschaft zu *H. macrophylla*. Ihre Größe beträgt dann im Allgemeinen zwischen 1,5 m und 2 m. Innerhalb dieser Gruppe gibt es mehr Ball-Hortensien als Lacecap-Typen mit ihren schirm- oder tellerförmigen Blütenständen. Aber spätestens seit die sogenannten Teller-Hybriden so an Popularität zugelegt haben, ist das Angebot von Hortensien mit schirmförmigen Blütenständen gewachsen. Im Farbspektrum, das sich zwischen rosa, blau und weiß bewegt, gibt es eigentlich alle Spielformen. Aber beachten Sie, dass die Farbe stark vom Säuregrad des Bodens und auch vom Standort abhängt. Darüber werden wir noch ausführlich berichten. Es ist also noch ein gewisser Unsicherheitsfaktor bei der Farbwahl zu berücksichtigen. Außerdem gibt es auch Sorten, bei denen die Intensität der Farbe vom Grad der Sonneneinstrahlung abhängt. Die meisten Pflanzen sind durchaus sonnenverträglich, im Gegenteil, ihrer Farbe kommt dies zugute. Vor allem beim Verblühen zeigen sie an sonnigen Standorten schöne Färbungen.

Die Pflanzen, die sich am ehesten der Gruppe *H. serrata* zuordnen lassen, sind im Allgemeinen Lacecap-Typen, also Hortensien mit schirmförmigen Blütenständen. Sie bevorzugen leichten Halbschatten. Häufig sind sie weniger ausdauernde Blüher als viele Macrophylla-Sorten. Sie punkten allerdings wiederum mit einer schönen Herbstfärbung der Blätter. Ihre feine Wuchsform lässt sie etwas transparenter erscheinen, sie bleiben auch etwas kleiner. Ihr Charme spricht viele Menschen an, da sie sich mit diesen Eigenschaften auch etwas natürlicher in die meisten Gärten integrieren lassen als die etwas gröberen Macrophyllas. Sie haben die Wahl: Entscheiden Sie sich für die lang andauernde Blüte der Macrophyllas, die häufig bis zum ersten Frost Blüten produzieren, oder fühlen Sie sich eher zu dem bescheidenen Charme, der natürlichen Ausstrahlung und

Eine Pflanze vom Hortensia-Typ als Solitär.

der attraktiven Herbstverfärbung der Serrata-Sorten hingezogen?

Wenn Sie einen bodenfrischen, aber keinesfalls nassen Standort zur Verfügung haben, der gleichzeitig genügend Platz bietet, können Sie sich für eine Pflanze aus der Aspera-Gruppe entscheiden. Hierbei ist zu berücksichtigen, dass diese Hortensien sich weniger verzweigen und daher von der ganzen Struktur offener sind. Dabei sind sie häufig 2,5 m hoch und mehr.

Mit ihren behaarten großen Blätter, ihren weißen, rosa- oder pinkfarbenen Blütenschirmen ist eine *H. aspera* ausgesprochen attraktiv. In einer größeren Gruppe oder auch im hinteren Teil einer gemischten Rabatte kommt sie gut zur Geltung. Das gleiche gilt auch für Pflanzen, die botanisch zu *H. sargentiana* gezählt werden. Sie sind sogar noch etwas rustikaler und größer als Pflanzen aus der Gruppe *H. aspera.* Mit beiden Arten eng verwandt ist *H. involucrata*, sie hat daher die gleichen Ansprüche an Standort und Boden. Involucrata-Sorten vertragen dabei noch weniger aufkommende Trockenheit. Wir entscheiden uns daher in ihrem Fall für einen nie austrocknenden, bodenfrischen Standort, der etwas windgeschützt liegt.

In einem natürlich gestalteten Garten mit hohen Bäumen fällt die Wahl sicher auf Pflanzen aus der *H. arborescens*-Gruppe. 'Annabelle' benötigt immer eine Stütze, sei es durch eine Buchsbaumhecke, durch sie stützende wintergrüne Sträucher oder durch andere Maßnahmen, sonst fällt sie zu sehr auseinander. Alle anderen Sorten dieser Gruppe kommen ohne weitere Maßnahmen aus. Ihr natürlicher Wuchs bedingt allerdings manchmal ein etwas unordentlich wirkendes Äußeres. Aber gerade ihre natürliche Ausstrahlung macht sie ja so charmant.

H. heteromalla-Sorten werden groß, sehr groß sogar, bis zu 6 m Höhe sind keine Seltenheit. Sie benötigen also viel Platz. Und Achtung: Sie vertragen keine Staunässe. Suchen Sie also einen Standort aus, der feucht, aber nicht zu nass ist und der dieser stattlichen Pflanze genügend Platz

Rosen vertragen keinen sauren Boden. Daher zeigen Hortensien, die zusammen mit ihnen in „Rosenerde" gepflanzt wurden, nie eine blaue Färbung.

Hydrangea arborescens 'Annabelle' benötigt ein „Korsett", damit sie nicht auseinanderbricht.

zum Ausbreiten bietet. Sie können auch einmal folgendes Experiment wagen: Ziehen Sie eine Pflanze aus dieser Gruppe als kleinen Baum! Ein im Juni blühender Baum ist ein absolutes Highlight für jeden Garten.

Auch *H. paniculata* entwickelt sich zu einem großen Strauch, der leicht mehr als 3 m hoch wird, durchaus auch 4 bis 6 m. Einige Sorten wachsen aufrecht, andere breitbuschig. Sie können natürlich auch einen jährlichen Rückschnitt durchführen. So bleibt die Pflanze in den von Ihnen gewünschten Abmessungen. Dann bildet sie lange Triebe, die sich nicht verzweigen, und neigt zu einer Überfülle an Blüten. Die Folge ist, dass sie bei Regen unter der Blütenlast herunterhängen, der Strauch im Ganzen auseinanderfällt und aus der Form gerät. In einem kleineren Garten entscheiden Sie sich für eine schwächer wachsende Sorte wie 'Dharuma'.

Die Kletter-Hortensie, man hört es schon am Namen, wächst am liebsten an einer Mauer oder Ähnlichem. Sie eignet sich aber auch dazu, einen alten, nicht mehr Frucht tragenden Baum zu beranken. Die am häufigsten angebotene Kletter-Hortensie ist *H. anomala* subsp. *petiolaris*. Sie klettert bis zu 20 m hoch. Aber das hängt von der angebotenen Stütze ab, einer Mauer oder einem Baum. Gleichzeitig ist sie auch die anspruchsloseste der erhältlichen Kletter-Hortensien. Selbst eine Nordseite stellt für sie kein Problem dar, ja eigentlich bevorzugt diese romantische Pflanze einen solchen Standort sogar. Sonne mag sie nicht. Die anderen Sippen, wie die wintergrünen Arten aus der Cornidia-Gruppe, sowie die echte *H. anomala* sind etwas wählerischer, was ihren Standort angeht. Das bedeutet für die Arten aus der Cornidia-Gruppe: Sie benötigen einen wirklich sonnigen Platz, sonst blühen sie nicht!

Geeignete Standorte

Kommen wir noch einmal auf die am häufigsten verwendeten Pflanzen zurück, die aus der Macrophylla- und Serrata-Gruppe. Hier sind noch ein paar weitere Fakten, die Ihnen bei der Standortwahl nützlich sein können.

Die Pflanzen mit einer größeren Verwandtschaft zu *H. macrophylla* können wir noch unterteilen in Pflanzen mit glänzendem Laub und solche mit mattem Laub. Die erste Gruppe ist weniger kältebeständig als die zweite. Beachten Sie das bei der Standortwahl und entscheiden Sie sich für einen Platz mit ausreichender Sonneneinstrahlung. Ist der Boden feucht, kann das auch ein Platz in voller Sonne sein. In der Saison kann es passieren, dass die Pflanze in den heißesten Stunden des Tages etwas die Blätter hängen lässt, das ist aber an sich kein Grund zur Sorge. Ein halbschattiger Platz ist natürlich immer die erste Wahl. *H. macrophylla* stammt aus der japanischen Küstenregion. Das erklärt die Ansprüche dieser Pflanze. Dagegen ist *H. serrata* eine Pflanze aus den Bergregionen Japans. Eine Reihe von Formen von *H. serrata* werden in Japan mit dem Namen „Yama-Ajisai" bezeichnet, was soviel wie „Berg-Hortensie" bedeutet. Sie benötigen etwas mehr Schatten und gedeihen auch in unserem Klima am besten unter Laubbäumen oder unter großen Sträuchern.

Der Boden muss ausreichend nährstoffreich sein. Das können wir durch Hinzufügen von organischem Material, wie z.B. Kompost erreichen. Oder lassen Sie im Herbst einfach die Blätter liegen. Das hat auch den Vorteil, dass der Boden die Feuchtigkeit besser hält. Keine einzige Hortensie verträgt Austrocknung. Natürlich kommen einige, wie z.B. die Rispen-Hortensie, besser mit vorübergehender Trockenheit zurecht als andere. Ebenso spielt der Säuregrad des Bodens eine wichtige Rolle. Er beeinflusst die Farbe der Blüten. Ein saurer Boden mit einem pH-Wert von maximal 5,2 bis 5,4 lässt die Blüten blau werden. Ideal ist ein pH-Wert von 4.5. Ob sie aber wirklich blau werden, hängt auch noch von der Verfügbarkeit von dreiwertigen, positiv geladenen Ionen ab.

Die Ball-Hortensien bieten einen wunderschönen Kontrast zur formalen Umgebung dieses Gartens.

Diese chemische Eigenschaft finden wir bei Aluminium, in geringem Maße auch bei Eisen. Das ist also der Grund, warum man mit dem Zufügen von Alaun eine Bläuung der Blüten erreichen kann. Auch die alten Hausmittel unserer Großmütter lassen sich so erklären. Denken wir beispielsweise an die rostigen Eisennägel oder gebrochenen Dachpfannen aus eisenhaltigem gebranntem Lehm. Die 3+-Ionen verursachen den Farbumschlag des Karmin-Pigments (Delphinidin-3-glycosid). Das geschieht ausschließlich in saurem Milieu, da Aluminium sich nur bei einem pH-Wert unter 5 auflöst. Daher erzielt bei einem Boden mit einem hohen pH-Wert Bläuen keinen Effekt. Seien Sie bei der Dosierung der Mittel vorsichtig, denn eine zu große Dosis kann den Pflanzen ernsthaft schaden. Aluminium verhindert nämlich die Wurzelbildung und begrenzt damit auch das Wachstum oberhalb der Erde. Wenden Sie also lieber mehrmals eine kleine Menge an als einmal zu viel. Das blaue Pigment lagert sich in den Zellvakuolen, in der subepidermalen Zellschicht in den Blättern an. Neben dem bekannten Delphinidin-3-glycosid gibt es auch ein sekundäres Co-Pigment, das die Tiefe des Blautons bestimmt. Das Bläuen erfolgt am besten sofort beim Anpflanzen, also im Boden. Alternativ können Sie später dem Gießwasser bläuendes Mittel beifügen. Da die meisten frisch gekauften Pflanzen aus Stecklingsvermehrung gewonnen werden, enthalten sie nicht ausreichend 3+-Ionen, um die gewünschten blauen Blüten zu bilden. Verzweifeln Sie aber nicht, wenn es ein paar Jahre dauert. Das ist normal. Andererseits kann es passieren, dass eine Pflanze, die jahrelang auf demselben Platz blau geblüht hat, auf einmal beginnt, sich immer mehr rosa zu färben. Das ist ein sicheres Anzeichen dafür, dass Sie mit bläuendem Mittel nachdüngen müssen. Verstärkt wird dieser Effekt durch regelmäßigen Rückschnitt und den darauf folgenden Neuaustrieb. Wenn Sie der Pflanze nach der Blüte aber die nötige Zeit zur Regeneration geben, bevor Sie einen Rückschnitt durchführen, kann die Hortensie sowohl das Karmin-Pigment als auch die nötigen positiven Ionen zum größten Teil wieder aufnehmen.

Richtig pflanzen

Wahrscheinlich kaufen Sie die Hortensien als Topfware. Suchen Sie eine kompakte Pflanze aus, die mindestens drei bis vier Triebe hat und insgesamt gesund aussieht. Ob das ausgesuchte Exemplar gerade in Blüte steht, macht eigentlich nichts aus. Aber natürlich ist es einfacher, sich über das gesamte Erscheinungsbild der Pflanze einen Überblick zu verschaffen, wenn sie blüht. Unkraut im Topf ist ein schlechtes Zeichen.

Berücksichtigen Sie, dass die Erde im Topf fast keine Nahrung enthält. Die Zuchtbetriebe geben nämlich häufig die nötige Nahrung ins Gießwasser, das ist leicht zu kontrollieren. Also pflanzen Sie die Hortensie umgehend in den Garten oder in einen anderen Topf mit entsprechender Erde. Eine Ausnahme könnte sein, wenn der Topfballen der Pflanze nicht gut durchwurzelt ist. Dann sollte sie noch ein paar Wochen in der nährstoffarmen Erde bleiben, um das Wurzelwachstum zu fördern. Folgendermaßen können Sie die Qualität der Hortensien prüfen: Ziehen Sie vorsichtig an der Pflanze. Lässt sich die Pflanze mit einem Teil des Wurzelballens aus der Erde lösen, ist die Durchwurzelung noch nicht abgeschlossen. Wenn sich aber beim Ziehen an der Pflanze der gesamte Wurzelballen mitsamt der Erde aus dem Topf löst, ist die Durchwurzelung in Ordnung. Scheuen Sie sich nicht, dies beim Einkauf an jeder einzelnen Pflanze zu prüfen.

Nach der Wahl des geeigneten Standortes und einer gründlichen Bodenvorbereitung, eventuell unter Beigabe von organischem Material und Alaun, können wir zum Pflanzen selbst übergehen. Graben Sie ein Loch, das ungefähr doppelt so groß ist wie der Topf selbst. Die Erfahrung zeigt, dass Sie mit einem rechteckigen Pflanzloch dem Runddrehen der Wurzeln entgegenwirken können. Pflanzen Sie die Hortensien nicht zu tief. Die Höhe des Pflanzcontainers ist ein Anhaltspunkt für die Tiefe der Pflanzung. Wenn die Wurzeln sehr dicht sind, lohnt es sich, sie vorsichtig mit den Händen zu lösen. Sollte dabei die eine oder andere Wurzel brechen, ist das kein Problem, das kann die Pflanze vertragen. Schaden kann allerdings das weitverbreitete anschließende Festtreten der Wurzeln mit den Füßen. Drücken Sie stattdessen die lockere Erde mit den Händen an, das erfüllt völlig seinen Zweck. Bei weniger winterharten Sorten, beispielsweise bei Pflanzen aus der Gruppe der *H. scandens,* können Sie die Pflanze mit dem Wurzelhals etwas aus dem Boden ragen lassen. Das fördert die Drainage und verhindert Frostschäden in der kalten Winterperiode. Und nie das Angießen vergessen, selbst wenn es beim Pflanzen regnen sollte! Ziel davon ist es, eventuell bestehende Zwischenräume zwischen Pflanzenwurzel und Erde zu schließen. Die Wurzeln müssen sofort guten Kontakt zur Erde bekommen. Empfehlenswert ist ein anschließendes Düngen mit organischem Dünger, beispielsweise gut verrottetem Kompost. Auch Mulchen ist eine Möglichkeit, halten Sie allerdings hierbei einen gewissen Abstand zum Wurzelhals. Dies ist ganz besonders bei jungen Pflänzchen zu beachten.

Am besten kommen größere Gruppen gleicher Hortensien zur Geltung (unten und rechts).

Hortensien pflegen und schneiden

Wenn die Pflanze am optimalen Standort auf korrekte Art gepflanzt ist, stellt sich die Frage nach ihrer weiteren Pflege. Hier finden Sie Antworten auf häufig gestellte Fragen:

Soll ich die verblühten Blütenstände entfernen?

Diese Frage bezieht sich natürlich hauptsächlich auf Pflanzen der Art *H. macrophylla*. Wie schon ein paar Mal müssen wir auch in diesem Zusammenhang antworten: Das kommt darauf an. Ist der Platz, an dem die Pflanze wächst, in Küstennähe oder an einem anderen Ort mit permanent hoher Luftfeuchtigkeit und mildem Klima, sollten wir die Blütenstände nach der Blüte in jedem Fall entfernen. Die Wahrscheinlichkeit eines Schimmelbefalls ist in diesem Fall recht groß und das kann der Pflanze ernsthaften Schaden zufügen. Ist das Klima kälter, kontinentaler, sollte man auf ein Entfernen der Blütenstände verzichten. Denn sie bieten zusätzlichen Winterschutz für die darunterliegenden Knospen. Und diese sind letztendlich für die kommende Blüte verantwortlich und verdienen unsere besondere Fürsorge. Wenn Sie der Anblick der verblühten Pracht der letzten Saison stört, können Sie die Blütenstände noch im späten Frühjahr entfernen. Sie sind dann trocken und lassen sich leicht abbrechen. Manchmal hat der Wind das dann auch schon erledigt.

Soll ich einen Rückschnitt durchführen und wenn ja, wie?

Auch hier gibt es kein eindeutiges Ja oder Nein. Wir behandeln erst einmal die normalen Gartenhortensien *H. macrophylla* und *H. serrata*. Ein jährliches Zurückschneiden dieser Arten ist eigentlich völlig unnötig. Es sei denn, Sie finden die übrig bleibenden Stoppeln im winterlichen Garten schön. Einige Gartenliebhaber bevorzugen ja den aufgeräumten, ordentlichen Anblick ihres winterlichen Gartens. Sie verzichten damit aber gleichzeitig auf den romantischen Charme von mit Raureif überzogenen, bräunlichgrauen Blütenständen und Zweigen. Übrigens gibt es auch in der Macrophylla- und Serrata-Gruppe Hortensien, die am zweijährigen Holz blühen. Bei einem Rückschnitt dieser Pflanzen gehen Blüten ungewollt verloren. Eine gute Alternative ist aber ein Verjüngungsschnitt. Er erstreckt sich über drei bis vier Jahre und wird nur nach Bedarf durchgeführt. Er wird also bei einer Neupflanzung frühestens nach einigen Jahren nötig. Den Zeitpunkt, wann ein Verjüngungsschnitt nötig wird, erkennen Sie daran, dass sehr viele holzige

Parc des Moutiers, Varengeville-sur-Mer in Frankreich

Bei Nässe führt das dann dazu, dass die Zweige sich weit niederbeugen, manchmal sogar bis zum Boden. Dann hängen die wunderschönen schweren Blütenstände im Dreck.

Zweige nur noch wenig Platz für neue Triebe lassen. Das führt im Laufe der Zeit zu einer verminderten Blüte, was wir natürlich vermeiden wollen. Beim Verjüngungsschnitt entfernen wir jedes Jahr circa ein Drittel dieser verholzten Zweige bis auf ein paar sich gegenüberstehende Äste. Neue Triebe haben so wieder die Möglichkeit, sich zu entwickeln. Indem wir nur ein Drittel des alten Holzes wegnehmen, sorgen wir dafür, dass sich auch während der Verjüngungsperiode eine akzeptable Blüte entwickelt. Nach drei bis vier Jahren ist der Strauch dann verjüngt und wir können uns für eine gewisse Anzahl von Jahren an üppiger Blüte erfreuen.

Ein besonderer Fall ist *H. paniculata* (s. auch Artenbeschreibung, Seite 51). Jährliches Zurückschneiden ist hier höchstens in kleinen Gärten sinnvoll. Und auch dann nur bei Typen mit stabilen Zweigen. Hortensienformen mit schwachen Zweigen sowie die bekannte 'Grandiflora' und noch viele andere aus dieser Art schneidet man besser gar nicht. Unterlässt man nämlich das Schneiden, erlangen die immer mehr verholzenden Zweige im Laufe der Jahre eine gewisse Stabilität und stützen sich gegenseitig. Auf diese Weise wird langfristig eine bessere Strauchstruktur aufgebaut. Bei dem oft praktizierten rigorosen Rückschnitt bilden 'Grandiflora' und ihre Artgenossen lange Triebe und große Blütenstände.

Welche Düngung ist empfehlenswert und wann dünge ich am besten?

Auf diese Frage gibt es eine einfache Antwort. Düngen Sie mit einem organischen Material, das die Nährstoffe nur langsam freisetzt. Verwenden Sie Kompost oder gut verrotteten Stallmist. Der richtige Zeitpunkt hierfür ist im Frühjahr, wenn die Pflanze für die Entwicklung von Blättern und Blüten die meisten Nährstoffe nötig hat. Düngen Sie keinesfalls im Herbst oder Winter. Bei zu früh ausgelöstem Wachstum könnten die zarten Triebe dem Frost zum Opfer fallen. Verteilen Sie den Dünger rund um die Pflanze und arbeiten Sie ihn nicht in den Boden ein. Diese Arbeit können Würmer und Mikroorganismen für Sie übernehmen. Auf diese Weise verhindern Sie Beschädigungen der bodennahen zarten Wurzeln. Nach einem Rückschnitt sollten Sie im darauffolgenden Frühjahr auf jeden Fall düngen. Tests in einer Containeranzucht haben übrigens ergeben, dass Pflanzen bei weniger Phosphor kompakter wachsen.

Wie kann ich die Blüten bläuen?

Grundsätzlich kann man das Bläuen ausschließlich bei rosafarbenen Blüten und in saurem Boden in Erwägung ziehen. Weiß bleibt weiß, damit sollte man sich abfinden. Wenn Sie eine Blaufärbung der Blüten durchführen möchten, verwenden Sie hierfür Alaun. Chemisch gesehen ist Alaun ein Doppelsalz von Aluminium, nämlich Kaliumaluminiumsulfat. Sie erhalten es in Drogeriemärkten oder im Gartenmarkt. Bläuen Sie in drei Schritten, die Sie über das Jahr verteilen. Verwenden Sie bei einem Düngevorgang nicht mehr als 25 g pro Quadratmeter. Sonst kann es zu einer Überdüngung kommen. Es gibt auch Gartenliebhaber, die rosafarbig blühende Hortensien bevorzugen. Für rosafarbene Blüten muss der pH-Wert des Bodens ausreichend hoch sein. Wenn Sie einen Boden mit einem pH-Wert niedriger als 6 haben, fügen Sie Kalk zu. So erhalten Sie rosafarbige Blüten. Dosieren Sie aber auch hier maßvoll. Ein Zuviel an Kalk kann zu einer gelblichen Verfärbung der Blätter führen, der sogenannten Chlorose. Besonders in Gärten, in denen andere Säure liebende Pflanzen wie Rhododendron stehen, ist die Gabe von phosphorhaltigem Dünger eine mögliche Alternative. Phosphor bindet Aluminium und verhindert so die Aufnahme von Aluminium durch die Pflanzen. Empfehlenswert ist ein Dünger mit einem NPK-Wert von 10-30-10. Damit können Sie das gewünschte Ergebnis erreichen.

Krankheiten und Schädlinge

Hortensien sind eigentlich problemlose Pflanzen, aber auch die Hortensiengewächse bleiben nicht ganz von Krankheiten und Schädlingen verschont. Wir betrachten die wichtigsten.

Echte Krankheiten sind selten. Meistens sind auftretende Probleme nur die Folge einer ungeeigneten Standortwahl, zu nass, zu viel Sonne, Nährstoffmangel ... Eine gute Wahl des Standortes ist daher der beste Schutz vor Krankheiten. Eine Ausnahme stellt höchstens eine selten auftretende Infektion der Pflanze dar, das JHP-Phytoplasma. Sie färbt die Blüten grün. Diese Art der Infektion konnte ich in einer äußerst angesehenen Gärtnerei bei der *H. macrophylla* 'Mathilda Gutges' beobachten. Bei der befallenen Pflanze bestanden die Blütenstände aus einer Anhäufung von giftgrünen Minipflanzen. So reizend diese auf den ersten Blick auch aussehen mögen, es bedeutet doch mit großer Wahrscheinlichkeit das Ende der Pflanze. Sie können versuchen, die Pflanze zu retten, indem Sie die befallenen Pflanzenteile herausschneiden. Desinfizieren Sie anschließend alle Schneidewerkzeuge und entsorgen Sie die kranken Pflanzenteile im Restmüll. Eine andere Virusinfektion, die man bei Pflanzen nicht bekämpfen kann, ist das noch recht neue Hydrangea Chlorotic Mottle Virus (HCMV). Dieses Virus gibt es nur bei Macrophylla-Typen. Es verursacht hellgrüne, grüne und gelbe Flecken und ein Zusammenrollen des jungen Blattgewebes.

Bei einem Befall der Hortensien durch *Eupulvinaria hydrangeae* kann man wirklich von einer Plage sprechen. Die Hortensien-Wollschildlaus siedelt sich vorzugsweise auf der Blattunterseite und auf den Zweigen an. Dort sind eiförmige weißliche Häufchen zu sehen, die einige Millimeter groß sind und sich klebrig anfühlen. Hierin hat die Wollschildlaus zahllose Eier abgelegt, woraus im Spätsommer Larven schlüpfen. Eine Ausbreitung erfolgt rasend schnell und macht weder vor Ahorn, Linde noch Hartriegel Halt. Die Wollschildlaus ist schwer aufzuhalten. Eine Bekämpfung mit chemischen Mitteln ist in einem normalen Garten nicht verhältnismäßig. Zu ihren natürlichen Feinden zählen auch die Marienkäferlarven. Sollten Sie einen Befall mit Wollschildläusen bemerken, entfernen Sie großzügig die entsprechenden Pflanzenteile und vernichten Sie diese. Fegen Sie im Herbst auch alles Laub der befallenen Pflanzen zusammen und entsorgen Sie die Blätter, aber bitte nicht auf dem Kompost. Die Larven überwintern sonst gemütlich unter den Blättern und wachsen geschützt heran.

Der gefurchte Dickmaulrüssler, *Otiorhynchus sulcatus*, ist vor allem im Zierpflanzenanbau ein gefürchteter Schädling. Bei Hortensien richten vor allem seine Larven regelmäßig beträchtlichen Schaden an Wurzeln und Wurzelhals an. Ein gut wirksames Mittel ist der Einsatz von Nematoden. Wenn Sie Platz haben, können Sie auch eine Lockpflanze, wie *Euonymus fortunei* 'Dart's Blanket', einsetzen. Auf diese wird sich der Dickmaulrüssler dann konzentrieren.

Lästige Zeitgenossen sind auch Gehäuseschnecken und Nacktschnecken. In meinem Garten haben sie vor allem eine Vorliebe für *H. arborescens* und *H. paniculata*. Sie fressen die zarten, jungen Pflanzen an. Läuse stellen dagegen kein echtes Problem dar. Bei anhaltend feuchtem Wetter kann Grauschimmelfäule die Pflanzen befallen. Als passenden Gegenspieler kann man Trichoderma, einen Pilz einsetzen. Außerdem empfiehlt es sich, entsprechende Hygieneregeln einzuhalten. Als letztes ist noch der Mehltau zu erwähnen. Er befällt vor allem Pflanzen, die unter Stress leiden und eventuell zu schattig stehen.

Hortensien selbst vermehren

Das müssen Sie wirklich einmal ausprobieren. Vor allem Formen von *H. macrophylla* und *H. serrata* sind für die Stecklingsvermehrung geeignet. Nehmen Sie ein circa 10 cm langes Stück vom jungen Holz. Entfernen Sie die untersten Blätter und schneiden Sie das Stück unter einem Auge ab. Setzen Sie den Steckling in Anzuchterde und halten Sie die Erde regelmäßig feucht. Die Verwendung von Wachstumshormonen ist nicht nötig. Sie können während der gesamten Wachstumsperiode der Pflanze Stecklinge ziehen. Das beste Resultat erhält man aber zwischen Mitte Juli und Oktober. Ist der Steckling gut angewachsen und beginnt zu wachsen, können Sie ihn etwas düngen. Ein Entspitzen des Pflänzchens führt zu einer stärkeren Verzweigung und insgesamt zu einer buschigeren Pflanze. Im ersten Winter sollte die Pflanze frostfrei stehen, vor allem die im Topf. In der Freilandkultur sorgt die umliegende Erde für einen natürlichen Wärmespeicher und federt Temperaturschwankungen etwas ab. Wenn Sie gleich ins Freiland stecken, dann wählen Sie hierfür ein schattiges Plätzchen. Einige Sorten sind weniger leicht zu vermehren, aber ein gewisser Teil der Stecklinge wird Wurzeln bilden. Alternativ können Sie auch Ableger machen oder bei Arten wie *H. arborescens* und *H. quercifolia* Ausläufer abstechen und eintopfen. Viele Formen von *H. macrophylla* bilden spontan Wurzeln, wenn ein Zweig über längere Zeit den Boden berührt. Diese Pflanzenteile können Sie im Winter von der Pflanze trennen und als neue Pflanze an anderer Stelle einpflanzen.

Eine Kombination mit Rhododendron im Arboretum Kalmthout – im Vordergrund *Hydrangea* 'Hopaline'.

Pflanzenpartner für Hortensien

Die Geschmäcker sind verschieden. Darum können Sie auch Hortensien auf sehr unterschiedliche Weise einsetzen. In einer modernen Gartengestaltung ist die Anzahl an verschiedenen Pflanzen oft sehr begrenzt. Das schafft Ordnung. *H. arborescens* 'Annabelle' wird hier gerne in Reihen oder großen Gruppen verwendet. Die cremeweiße Farbe der Blüten ist zurückhaltend und passt so perfekt in diese Art Garten. Nachteil ist der schon erwähnte Gesamteindruck des Strauchs, der durch das Auseinanderfallen entstehen kann. In einem großen, parkartigen Garten sah ich kürzlich einige Rosskastanien mit einer Unterpflanzung von *H. serrata* 'Bluebird'. Was soll ich sagen, es war traumhaft! Die Ausstrahlung von mehreren Reihen gleich hoher, blühender Pflanzen ist einfach umwerfend. Wenn Sie genügend Platz haben, überlegen Sie, ob eine solche Kombination möglich ist. Allerdings sehen sich die meisten Gartenliebhaber mit der Realität einer bescheideneren Gartendimension konfrontiert und suchen daher nach einer anderen Kombination. Wenn Ihr Garten klein ist, dann beschränken Sie sich beispielsweise auf eine Hortensie als Solitär. Wenn möglich platzieren Sie die Hortensie vor einem grünen Hintergrund, etwa vor eine Hecke. Halten Sie einen Sicherheitsabstand ein, um die Wasserversorgung der Pflanzen sicherzustellen. Vor dem ruhigen grünen Hintergrund bekommen die farbigen Blütenstände dann den eindrucksvollen Auftritt, den sie verdienen. Oder kombinieren Sie mit immergrünen Sträuchern wie Rhododendren.

Auch in der Nähe von Wasser fühlen sich Hortensien wohl. Platzieren Sie sie rund um einen Teich oder in rechteckige Beete in die Nähe eines rechteckigen Schwimmbades. Wenn in Ihrem Garten große Bäume wie Eichen stehen, gruppieren Sie eine Auswahl verschiedener Hortensientypen unter die hohen Bäume. Verwenden Sie dabei auch einige größere Arten wie *H. heteromalla* und *H. aspera*. Beide fühlen sich im leichten Halbschatten der Bäume wohl und lieben die feuchtfrische Erde. Für einen sonnigen Standort eignet sich eine Pflanze aus der Art *H. paniculata*. Im heißen Sommer 2003 gingen mir einige Heteromalla-Pflanzen ein, die in der prallen Sonne standen, während die daneben stehende *H. paniculata* völlig unberührt der Hitze und Trockenheit widerstand. Steht eine *H. sargentiana* in der Sonne, so braucht sie sehr viel Wasser. Die Enkelin von Charles Sprague Sargent erzählte mir einmal, dass ihr Großvater die Pflanzen mit den Wurzeln fast im Wasser stehend entdeckt habe. *H. anomala* eignet sich gut für eine Nordwand, aber versuchen Sie ruhig einmal, die Kletter-Hortensie an einen Laubbaum zu setzen. Sie ist auch als Bodendecker ebenso attraktiv.

H. macrophylla und *H. serrata* fügen sich gut in eine gemischte Rabatte ein. Gruppieren Sie sie beispielsweise mit Funkien oder an einem sonnigeren Standort mit *Hemerocallis*. Silbriggraues Laub passt hervorragend zu dem dunkelgrün glänzenden Laub der *H. macrophylla*. Auch viele andere Stauden sind geeignete Pflanzenpartner für Hortensien. Lassen Sie dabei Ihren eigenen Vorlieben freien Lauf. Empfehlenswert ist aber eine Pflanzung in größeren Gruppen, da die einzelnen Stauden sonst gegen die massive Blattfülle und Blütenpracht der Hortensien verloren aussehen. Eine formelle Spannung können Sie aufbauen, indem Sie gegen die strauchförmigen Hortensien Bodendecker wie Bergenien oder Frauenmantel pflanzen. Für die große *H. paniculata* passende Partner zu finden, stellt uns vor eine größere Herausforderung. Hier kommen großblättrige Funkien in Frage oder eine Kombination mit japanischem Ahorn wie *Acer palmatum*. Im Parc des Moutiers steht eine prachtvolle Reihe von *H. paniculata* 'Grandiflora' mit einer Zwischenpflanzung von *Polygonum campanulatum,* dem Glockenknöterich. Eine tolle Kombination für einen warmen Standort.

So haben alle ihre besonderen Ansprüche und Empfindlichkeiten. Lesen Sie hierfür auch die Beschreibungen der einzelnen Arten und Sorten. Aber das Wichtigste sind immer Ihre persönlichen Erfahrungen und eigenen Beobachtungen in Ihrem Garten. Vertrauen Sie Ihren Beobachtungen und Erkenntnissen und hören Sie auf Ihre innere Stimme.

Didier Boos

Ich wuchs schon zwischen Hortensien auf. 1899 kam mein Großvater, Louis Giraud, nach Angers, wo er östlich der Stadtgrenze, in der Nähe der Bahnhofsstation, ein Terrain kaufte. Dort begann er mit der Aufzucht von Hortensien und anderen Pflanzen. Schon damals waren Hortensien sehr beliebt. 1945 wurde der Betrieb dann aufgeteilt zwischen den Familien Dussine und Balme. Mein Vater war der Schwiegersohn von Pierre Balme, der 1954 seine eigene Gärtnerei im Süden von Angers gründete. 10 Jahre später musste er dann mit seinem Betrieb nach Sainte-Gemmes-sur-Loire umziehen, da sich am alten Standort die Stadt immer mehr ausbreitete. Mein Vater ging 1984 in den wohlverdienten Ruhestand und ich übernahm den Familienbetrieb.

Seit 1987 sind wir ausschließlich auf Hortensien spezialisiert. Erst waren das noch die klassischen Ball-Hortensien. Aber mir war aufgefallen, dass selbst in anspruchsvollen Pflanzenkatalogen von gut sortierten Pflanzenanbietern nur drei bis vier verschiedene Hortensientypen angeboten wurden. Und dann häufig immer wieder dieselben. Es schien mir offensichtlich, dass man in diesem Segment ein paar Alternativen anbieten konnte.

Meine ersten Ankäufe tätigte ich in örtlich ansässigen Gärtnereien, aber mit der Zeit wuchsen meine Kontakte zu Arboreten, Sammlern und auf Hortensien spezialisierten Zuchtbetrieben. Und dann – jeder Sammler kennt das – sprang der Funke endgültig über. Mit dem Tauschen der Stecklinge, den Reisen, mitgebrachten neuen Pflanzen und den darauf folgenden Diskussionen über ihre Einordnung und Identifizierung entwickelte sich eine tiefe, immer noch andauernde Leidenschaft.

1993 eröffneten wir einen Versuchsgarten mit verschiedenen Varietäten und Sorten von Hortensien. Hauptgrund hierfür war die Möglichkeit, die Pflanzen in ihrer realistischen Umgebung zu beurteilen, und die Kunden anhand von Exemplaren, die in authentischer Umgebung stehen, qualifiziert beraten zu können. Ein zweiter Grund war, dass Pflanzen in Freilandkultur wesentlich zuverlässiger zu bewerten und einzuordnen sind als in Topfkultur. Im Topf entwickeln sie sich nie so, wie sie das im Freiland tun.

Zurzeit zählt unsere Sammlung ungefähr 350 unterschiedliche Sippen. Diese gehören zu *H. macrophylla, H. serrata, H. heteromalla, H. arborescens, H. aspera, H. petiolaris, H. paniculata, H. quercifolia, Cornidia* und auch einige *Schizophragma*. Der Versuchsgarten befindet sich in einem separaten, an die Gärtnerei angeschlossenen Gebiet und liegt im Schatten großer Eichen. In heißen Sommern sorgt ein kleiner Bach für etwas Abkühlung. Es gibt hier Schiefergestein, das Temperatur ausgleichend wirkt. Die Bedingungen zur Beobachtung der Pflanzen sind optimal. Nach einem Jahr kann man die spezifischen Eigenschaften der verschiedenen Arten meistens deutlich erkennen.

Seit 1998 ist unsere Kollektion an Le Conservatoire Français des Collections Végétales Spécialisées (CCVS) angeschlossen.

Hydrangea 'Santiago'

H. 'Santiago' ist ein kompakter Strauch, der circa 1 m hoch wird. Die sterilen Randblüten der bezaubernden flachen Blütenschirme mit ihren zweireihig angeordneten Kelchblättern färben sich, abhängig vom Boden-pH, rosa oder purpurrosa. Im Herbst zeigt sich das Laub in fantastischen Farben von Rot bis Lilarot. Diese überzeugende Züchtung wurde 2006 in Zusammenarbeit mit Challet-Hérault von Didier Boos in Ste Gemmes-sur-Loire in den Handel gebracht.

Mehr als eine Gartenpflanze

6

In erster Linie ist die Hortensie eine faszinierende Gartenpflanze mit einer langen Geschichte. Sie bietet aber noch einiges mehr.

Hortensien in der Floristik

Auch als Schnittblume macht die Pflanze mit den kugelförmigen Blütenständen sowohl frisch als auch getrocknet Karriere. Neben der klassischen Kugelform wird auch die Rispen-Hortensie als Schnittblume angeboten, allerdings deutlich weniger und eher als Trockenblume. Lacecap-Formen mit ihren flachen Blütenschirmen werden kaum als Schnittblumen verwendet.

Frische Schnitthortensien

Für eine kommerzielle Verwendung von Hortensien kommen hauptsächlich *H. macrophylla*-Sorten in Betracht. Hierbei sind stabile und dauerhafte Blütenkugeln von enormer Wichtigkeit. Ein gutes Beispiel für eine solche Sorte ist 'Masja'. Zum Testen, ob sich eine Pflanze als Schnittblume eignet, versucht man die Blütenkugel mit der Hand etwas einzudrücken. Bietet die Pflanze Widerstand, ist sie als Schnittpflanze geeignet. Die sogenannten durchgefärbten Hortensien, die im Gegensatz zu den frisch verarbeiteten „Fresh"-Hortensien auch mit dem Begriff „Classic" bezeichnet werden, verändern im Laufe der Saison ihre Farbe. Ihre rosafarbenen, violetten, blauen oder weißen Blütenkugeln verfärben sich und sind zeitweise romantisch zweifarbig. Sie reifen lange am Strauch nach und sind als Schnittblumen deutlich länger haltbar, daher besonders gut geeignet. Anschließend lassen sie sich noch leicht trocknen.

Pflegetipps

- Entfernen Sie die unteren Blätter und schneiden Sie den Stiel schräg an.
- Stellen Sie die Blumen in eine saubere Vase mit ausreichend frischem Wasser.
- Geben Sie Schnittblumenpulver in das Wasser – das kann die Haltbarkeit um eine Woche verlängern.
- Stellen Sie die Schnitthortensien nicht in die pralle Sonne.
- Die durchgefärbten Classic-Hortensien sind gut zum Trocknen geeignet. Stellen Sie hierfür die Blumen in eine Vase mit wenig Wasser. Wenn sie durchgefärbt sind, entfernen Sie das restliche Wasser und lassen die Blumen trocknen.

Wenn Sie frische Hortensien aus dem eignen Garten als Schnittblumen verwenden möchten, lohnt es sich, sie einer Spezialbehandlung zu unterziehen. Entfernen Sie restlos alle Blätter und tauchen Sie den gesamten Trieb unter Wasser, also Stiel und Blütenstand. Und lassen Sie die Blumen ein bis zwei Stunden so im Wasser, bevor Sie sie weiterbehandeln. Bitte erst danach anschneiden, andernfalls verwelken sie sehr schnell.

Zum Stecken ist Steckschaum nicht geeignet. Verwenden Sie lieber ein Drahtgitter, beispiels-

Prächtige Blüten von *Hydrangea macrophylla*.

weise Kaninchendraht. Das ist in jede Richtung einfach zu modellieren und Sie können das Gesteck in jede Richtung drehen.

Trocknen

Wenn Sie Hortensien aus dem Garten trocknen wollen, ist der Zeitpunkt entscheidend. Schneiden Sie die Blütenkugeln erst ab, wenn die Blüten zwischen den Fingern knistern wie Papier. Und schneiden Sie die Stiele ausreichend lang ab, entfernen Sie die Blätter restlos, auch diejenigen, die ganz nah am Blütenstand sitzen. Entfernen Sie auch innerhalb des Blütenstandes beschädigte oder verwelkte Einzelblüten. Bündeln Sie die Zweige und stellen Sie diese in einen Eimer mit lauwarmem Wasser. Circa 10 cm Wasserstand reichen aus. Zum Trocknen können Sie sie am besten an einen dunklen, luftigen, aber warmen Ort bringen, z. B. auf den Speicher. Wenn das Wasser vollständig von den Pflanzen aufgenommen ist, sind sie trocken und können nun sehr lange dekorativ sein. Geben Sie ihnen aber keinen Platz in der Sonne, da sie sich sonst schnell braun verfärben. Trockenblumen können wahre Staubfänger sein. Das lässt sich eventuell durch das Besprühen mit einem farblosen und möglichst geruchlosen Lack oder Haarlack in Grenzen halten.

Hortensien in der Pflanzenheilkunde

Hier spielt die Hortensie nur eine kleinere Rolle. Es ist dabei jedoch genaue Kenntnis über die Art der Anwendung notwendig. Experimentieren Sie daher nicht mit der Pflanze und ihrer Wirkung, sondern nehmen Sie bei Bedarf Kontakt zu Fachleuten auf!

Die folgenden Hinweise gelten alle ausschließlich für *H. arborescens:* Die verwendeten Pflanzenteile sind getrocknete Wurzeln und Rhizome, als deren wirksame Inhaltsstoffe Flavonoide (Kaempferol und Quercetin), Cumarine (Hydrangin), Saponine und flüchtige Öle genannt werden. Die Wirkung ist Wasser ausschwemmend und *H. arborescens* wird in der Pflanzenheilkunde bei Nierengries und Nierensteinen, Nierenkolik und blutigem Urin eingesetzt und wirkt auch auf die Harnwege. Hier soll sie bei einem brennenden Gefühl in der Harnröhre und permanentem Harndrang helfen. Ebenfalls wird *H. arborescens* angewendet gegen Schmerzen im Lumbalbereichs, gegen Schwindelgefühl und ein beklemmendes Gefühl im Brustkorb. Auch bei starker Schleimbildung soll sie hilfreich sein, ebenso bei stechenden Schmerzen in der Lende, vor allem links, bei viel Durst und Bauchschmerzen sowie bei einer vergrößerten Prostata.

Warnung: Diese Angaben sind nur zur Erläuterung einer heilkundlichen Verwendung der Hortensien gedacht, keinesfalls als medizinische Anleitung zu Selbstmedikation! Wenn Sie Beschwerden haben, gehen Sie zum Arzt! Die Verwendung von Hortensien in der Pflanzenheilkunde überlassen wir gerne Fachleuten.

Giftige Inhaltsstoffe

Auch in diesem Bereich ist *H. arborescens* die am häufigsten untersuchte Art. Giftige Inhaltsstoffe sind das Glykosid Hydrangin, das Cumarin Hydrangenol und Saponine.

In großen Mengen eingenommen, verursacht die Pflanze Schwindelgefühle, Druck in der Brust und cerebrale Störungen.

Auf der Haut kann bei Menschen, die beruflich mit Gartenhortensien zu tun haben, eine Kontaktallergie entstehen. Der verantwortliche Sensibilisator dafür ist das Isocumarin Hydrangenol.

Hydrangea als Tee

Auch hier gilt: Bitte nicht selbst experimentieren. Ein entsprechender Tee, geprüft und getestet, ist im Handel erhältlich.

In Japan steht der Begriff *amacha* für einen aus den Blättern bestimmter Hortensien hergestellten Tee. Daher kommt der Zusatz *amacha* auch im Namen dieser Formen vor. Es gibt in dieser Weise zig Typen, die normalerweise der Art

H. serrata zugeordnet werden. Es handelt sich um eine Berg-Hortensie, wobei allerdings noch etwas Unsicherheit über den Ursprung der Pflanzen herrscht. Sind die Amacha-Typen Wildformen oder entstanden diese Formen als Mutation aus Kulturformen? Die Popularität der Serrata-Art erlebte in der Edoperiode (circa 1600 bis 1868) eine Blütezeit. Aus dieser Zeit datieren auch die umfangreichen Anpflanzungen der Amacha-Formen rings um die Tempel. Blätter und Wurzeln dienten zur Zubereitung eines Tees, dem bei der Zeremonie zum Geburtstag von Gautama Buddha eine zentrale Rolle zukam. Bei dieser Gelegenheit wurde eine kleine bronzene Buddhastatue mit süßem Tee gesalbt. Die Statue wurde in eine geöffnete Lotusblüte gestellt. Anschließend sprenkelten die Menschen mit einem Bambuslöffel drei Mal etwas Tee über den Buddha.

Die Blätter wurden erst zusammengedrückt, dann getrocknet. Sie müssen gepflückt sein, bevor die Pflanze in der Blüte steht. Es scheint, als ob einzelne Amacha-Formen kein Hydrangin enthalten, alle anderen wohl. Dieses Glykosid ist für den Menschen giftig, genauso wie für Kaninchen und Rehe.

Was den Geschmack des Tees betrifft, sind die Meinungen geteilt. Ich persönlich finde den Geschmack des Gebräus nicht überzeugend. Der Tee hat eine gewisse Eigensüße, die vielen Teeliebhabern schon zu viel ist. Süßen muss man den Trunk also nicht mehr.

Hortensien zur Papierbereitung

Im Westen werden zur Papierherstellung überwiegend Lumpen verwendet. Im Osten dagegen nutzt man einige Pflanzen zur Herstellung von Papier. Denken wir nur einmal an Reispapier oder an das Lokthapapier, das in Nepal aus *Daphne papyracea* hergestellt wird.

In Japan werden Hortensien, oder genauer *H. paniculata* zu Papier verarbeitet. Die Rinde junger Sprosse wird abgezogen und in Phenol aufbewahrt. Je nach Bedarf wird diese Rinde dann gewaschen, auf einem flachen Stein gerieben und in ihre Fasern aufgelöst. Danach kommt sie in Wasser und quillt einige Stunden. So wird ein heller, viskoseartiger Schleimstoff freigesetzt, der die Fasern miteinander verbindet. Dieser Stoff wird in Japan Nori genannt. Es quillt die Fasern nicht nur auf, sondern hilft auch beim Zusammenfügen. So entsteht wertvolles handgeschöpftes Papier. Auch beim Trennen verschiedener Blätter hat der Stoff seine Funktion und ermöglicht, selbst sehr dünnes Papier zu schöpfen. Nori, das aus den Stängeln von *H. paniculata* gewonnen wird, wird ausschließlich für die Herstellung von hochwertigem Papier mit Textur verwendet.

H. macrophylla in einem kunstvollen Blumengesteck von Gilles Pothier.

Die Vereinigung „BEST-select cvba“

BEST-select cvba, gegründet 2000 ist eine Vereinigung von über 20 flämischen Züchtern. Ziel der Gemeinschaft ist sowohl die finanzielle und ideelle Förderung wissenschaftlicher Forschung innerhalb der Zierpflanzenunternehmen als auch die Markteinführung von qualitativ hochwertigen Neuheiten auf dem Zierpflanzenmarkt. Hierbei wird besonderes Gewicht auf die Entwicklung von resistenten, langlebigen Sorten gelegt.

Um diesem Ziel näher zu kommen, arbeitet BEST-select mit dem Instituut vor Landbouw- en Visserijonderzoek, ILVO in Merelbeke, Belgien zusammen. Gemeinsam finanzieren sie Forschungsprojekte im Bereich der Zierpflanzenzucht.

Ein international anerkanntes Team ist innerhalb des ILVO mit den Veredelungs- und Zuchtforschungen an Zierpflanzen betraut. ILVO entwickelt unter anderem neue Vermehrungstechniken und entschlüsselt die genetischen Hintergründe bestimmter Erscheinungsformen, z. B. der Blüte. Einige Untersuchungen behandeln auch das Durchbrechen der Kreuzungsbarrieren von Pflanzen. Hierdurch soll langfristig auch ein Kreuzen verschiedener Arten möglich sein. Daraus erhofft man sich ganz neue Eigenschaften. Zum Einsatz kommen hierbei verschiedenste In-vitro- und DNA-Techniken. Letztlich sollen neue Formen mit verbesserten Eigenschaften entwickelt werden, wie neue Blütenformen, ein kompakterer Wuchs, längere Blütezeit und eine größere Krankheitsresistenz. Die Veredelungsarbeit bei Zierpflanzen konzentriert sich vor allem auf Blütensträucher wie Hortensien, Hibiskus, Schneeball, Sommerflieder, Rosen und Apfel. Die Auswahl der Pflanzen und der Merkmale, auf die man sich konzentrieren will, wird in enger Zusammenarbeit mit den Züchtern von BEST-select vorgenommen.

Gemeinsam stark für Innovation! Die Zusammenarbeit zwischen Forschung und Anwendung zwischen ILVO und BEST-select ist hierfür ein gutes Beispiel. Die Züchter unterstützen die Forschung, den Motor der Innovation. Die Überprüfung der Forschungsergebnisse erfolgt dann wiederum durch flämische Unternehmen. Inzwischen sind aus dieser Zusammenarbeit schon die ersten Ergebnisse sichtbar. 15 neue Formen sind erfolgreich in den Markt eingeführt worden. Durch ihre gleichen Etiketten sind sie leicht zuzuordnen. Jede einzelne hat Alleinstellungsmerkmale.

Innerhalb von *H. paniculata* brachte BEST-select schon drei neue Züchtungen auf den Markt: 'Pinky-Winky'®, 'Mega Mindy'® und die allerneueste, 'Bobo'®, die erst 2010 auf den Markt kam. Es sind jeweils Pflanzen, die die bestehende Auswahl bereichern.

H. paniculata Bobo® 'ILVOBo'

Bobo® 'ILVOBo' ist wirklich ein Gewinn für kleine Gärten. Sie ist eine echte Rispen-Hortensie mit typischen weißen Rispen, die um ein Vielfaches größer sind als die Rispen der bekannten 'Dart's Little Dot'. Die letztgenannte war lange Zeit die einzige, die das Prädikat „Zwerg" tragen durfte. Das änderte sich mit 'Bobo'®. Bei regelmäßigem Schnitt wird dieses blühfreudige Pflänzchen nicht höher als 60 bis 70 cm. Dabei überzeugt auch seine lange Blütezeit von Anfang Juli bis September, also eher früh. Sie ist auch hervorragend als Rabattenpflanze einzusetzen.

Register

H. 'Admiration' (*macrophylla*): 68
H. 'Aduarda' (*macrophylla*): 99
H. 'All Summer Beauty' (*macrophylla*): 68
H. 'Alpenglühn' (*macrophylla*): 86
H. 'Altona' (*macrophylla*): 69, 87
H. anomala: 44, 123, 133
H. anomala subsp. *anomala*: 44
H. anomala subsp. *petiolaris*: 44, 45, 123
H. anomala subsp. *petiolaris* 'Brookside Littleleaf': 45
H. anomala subsp. *petiolaris* 'Cordifolia': 45
H. anomala subsp. *petiolaris* 'Firefly' (MIRANDA™): 45
H. arborescens: 27, 121, 130, 131, 132, 138
H. arborescens 'Annabelle': 28, 29, 30, 32, 123, 132
H. arborescens 'Eco Pink Puff': 28, 30
H. arborescens 'Grandiflora': 29, 30, 33
H. arborescens 'Hayes Starburst': 30
H. arborescens 'Picadilly': 30, 31
H. arborescens 'Pink Pincushion': 30, 31
H. arborescens 'Samantha': 31
H. arborescens 'Sheep Cloud': 32
H. arborescens 'Sterilis': 32
H. arborescens subsp. *discolor:* 27, 31
H. arborescens subsp. *radiata*: 27
H. aspera: 40, 121, 133
H. aspera 'Hot Chocolate'®: 65
H. aspera 'Kawakami' (ex 'Taiwan'): 42, 117
H. aspera 'Macrophylla': 41, 42
H. aspera 'Peter Chappell': 42
H. aspera 'The Ditch': 42, 43
H. aspera subsp. *sargentiana*: 40, 42, 43
H. 'Ayesha' (*macrophylla*): 102

H. 'Beauté Vendômoise' (*macrophylla*): 71
H. 'Bela' (*macrophylla*): 72
H. 'Beni Gaku' (*serrata*): 109
H. 'Blaumeise' (*macrophylla*): 75
H. 'Blue Deckle' (*serrata*): 77
H. 'Blue Wave' (*macrophylla*): 77, 97
H. 'Blushing Bride' (*macrophylla*): 81

H. [Camaieux S42] (*macrophylla*): 115

H. 'Dancing Lady' (*macrophylla*): 78
H. 'Domotoi' (*macrophylla*): 79
H. 'Dr Jean Varnier' (*macrophylla*): 79

H. 'Eisvogel' (*macrophylla*): 80
H. 'Elster' (*macrophylla*): 80
H. 'Endless Summer' (*macrophylla*): 81

H. 'Générale Vicomtesse de Vibraye' (*macrophylla*): 77, 85
H. 'Glowing Embers' (*macrophylla*): 86

H. 'Hamburg' (*macrophylla*): 87
H. 'Hatsushima' (*macrophylla*): 87
H. heteromalla: 49, 121, 133
H. heteromalla 'Bretschneideri': 49
H. heteromalla 'Dumicola': 48, 49
H. heteromalla 'Gidie': 49
H. heteromalla 'Jeremyn's Lace': 49
H. heteromalla 'June Pink': 49
H. heteromalla 'Krista': 50
H. heteromalla 'Morrey's Form': 50
H. heteromalla 'Nepal Beauty': 50, 51
H. heteromalla 'Snowcap': 50
H. heteromalla 'Xanthoneura': 50
H. hirta: 45, 46
H. 'Hopaline' (*macrophylla*): 88, 131
H. 'Hörnli' (*macrophylla*): 89
H. 'Hutsushima' (*macrophylla*): 87

H. 'Impératrice Eugenie' (*serrata*): 89
H. integrifolia: 62
H. involucrata: 38, 121
H. involucrata 'Hortensis': 38, 39
H. involucrata 'Late Love': 39, 64, 94
H. involucrata 'Plena': 38, 39
H. involucrata 'Viridescens': 39
H. involucrata 'Yokudanka': 39, 40

H. 'James Grant' (*macrophylla*): 90

H. 'Kiyosumi' (*macrophylla*): 98
H. 'Klaveren' (*serrata*): 91

H. 'La France' (*macrophylla*): 96
H. 'Lady in Red' (*macrophylla*): 81
H. 'Lanarth White' (*macrophylla*): 93
H. 'Leuchtfeuer': 19
H. 'Libelle' (*macrophylla*): 80, 96
H. 'Lilacina' (*macrophylla*): 60, 97

H. macrophylla: 59, 120, 124, 128, 131, 132, 133, 137
H. macrophylla 'Ayesha': 70
H. macrophylla 'Blauling': 66
H. macrophylla Dolce® Gipsy 'Dolgip': 105
H. macrophylla Dolce® Kiss 'Dolkis': 105
H. macrophylla 'Edouard d'Avdeew': 70
H. macrophylla 'Hercules Poirot': 70
H. macrophylla 'Izu no hana': 90
H. macrophylla 'Joseph Banks': 102
H. macrophylla 'Kiyosumi': 105
H. macrophylla 'Masja': 137
H. macrophylla 'Otaksa': 102
H. macrophylla 'Seafoam': 59, 107
H. macrophylla 'Tricolor': 110
H. macrophylla var. *concavosepala:* 70
H. macrophylla var. *otaksa* 'Concavosepala': 70
H. 'Mariesii Grandiflora' (*macrophylla*): 97
H. 'Mariesii Lilacina' (*macrophylla*): 97
H. 'Mariesii Perfecta' (*macrophylla*): 77, 97
H. 'Mariesii' (*macrophylla*): 97
H. 'Mirai' (*macrophylla*): 98
H. 'Mme Emile Mouillère' (*macrophylla*): 98
H. 'Mousmee' (*macrophylla*): 99

H. 'Nadeshiko' (*macrophylla*): 100
H. 'Nadeshiko Gaku' (*macrophylla*): 100
H. 'Nigra' (*macrophylla*): 100
H. paniculata: 51, 123, 129, 130, 133, 139
H. paniculata 'Barbara': 52
H. paniculata 'Bridal Veil' : 52
H. paniculata 'Brussel's Lace': 52, 53
H. paniculata 'Bulk' (EARLY SENSATION™): 53, 54
H. paniculata 'D.V.P Pinky' (PINKY WINKY®): 57
H. paniculata 'Darlido' (DART'S LITTLE DOT™): 52
H. paniculata 'Dharuma': 53, 95, 123
H. paniculata 'Floribunda': 57
H. paniculata 'Grandiflora': 53, 133
H. paniculata 'ILVOMindy' (MEGAMINDY®): 54, 55
H. paniculata 'ILVOBo' (BOBO®): 140, 141
H. paniculata 'Lammetje': 53
H. paniculata 'Melody': 56
H. paniculata 'October Bride' : 56
H. paniculata 'Papillon': 56
H. paniculata 'Phantom': 56
H. paniculata 'Pink Diamond': 7, 53, 56
H. paniculata 'Praecox': 56, 57
H. paniculata 'Renhy' (VANILLE FRAISE): 58
H. paniculata 'Satellite Disc' : 83
H. paniculata 'Taiwan Form': 57
H. paniculata 'Tardiva': 56
H. paniculata 'Unique': 17, 21, 57, 58
H. paniculata 'White Moth': 59
H. paniculata 'Wims Red'®: 64, 94, 95
H. paniculata 'Zwijnenburg' (LIMELIGHT™): 53, 56
H. paniculata fo. *velutina*: 57
H. 'Penny Mac' (*macrophylla*): 81
H. peruviana x *H. serratifolia*: 63
H. 'Professor Iida' (*serrata*): 103

H. quercifolia: 35, 131, 132, 133
H. quercifolia 'Applause': 36
H. quercifolia 'Back Porch': 36
H. quercifolia 'Brido' (SNOWFLAKE™): 36
H. quercifolia 'Burgundy': 36
H. quercifolia 'Flemygea' (SNOW QUEEN™): 34, 36, 37
H. quercifolia 'Harmony' : 37
H. quercifolia 'Ice Crystal'®: 37
H. quercifolia 'Little Honey': 37
H. quercifolia 'Pee Wee': 37

H. 'Renate Steiniger' (*macrophylla*): 106
H. 'Rotkehlchen' (*macrophylla*): 106

H. 'Santiago': 135
H. sargentiana: 121, 133
H. scandens: 46, 126
H. scandens 'Kontegiri ki nakafu': 47
H. scandens subsp. *chinensis*: 47
H. scandens subsp. *chinensis* fo. *angustipetala*: 47
H. scandens subsp. *chinensis* fo. *formosana*: 47
H. scandens subsp. *chinensis* fo. *macrosepala*: 47
H. scandens subsp. *chinensis* fo. *obovatifolia*: 47
H. seemannii: 62, 63
H. seemannii x *H. serratifolia* : 63

H. 'Semperflorens' (*serrata*): 107
H. serrata: 61, 120, 124, 128, 131, 132, 133, 138
H. serrata 'Amagi Amacha': 69
H. serrata 'Angustata': 71
H. serrata AVELROZ® 'Dolmyf': 105
H. serrata 'Belladonna': 72
H. serrata 'Belzonii': 73
H. serrata 'Beni Gaku': 73, 76
H. serrata 'Beni Tamari': 74
H. serrata 'Beni Yama': 74
H. serrata 'Blue Billow': 76, 109
H. serrata 'Bluebird': 61, 76, 86, 91, 132
H. serrata 'Diadem': 78
H. serrata 'Forgetmenot': 84
H. serrata 'Fuji no Taki': 85
H. serrata 'Grayswood': 67, 86
H. serrata 'Hallasan': 109
H. serrata 'Hime Gaku': 88
H. serrata 'Kiyosumi': 91
H. serrata 'Kiyosumisawa': 91
H. serrata 'Koreana': 92
H. serrata 'Kurenai': 92
H. serrata 'Kurohime': 93
H. serrata 'Love You Kiss': 91
H. serrata 'Mirai': 91
H. serrata 'Mount Aso' : 99
H. serrata 'Oamacha': 101
H. serrata 'Odoriko Amacha': 101
H. serrata 'Oto hime': 103
H. serrata 'Otsu hime': 103
H. serrata 'Rosalba': 73
H. serrata 'Shiro Fuji': 108
H. serrata 'Shirotae': 108
H. serrata 'Spreading Beauty': 76, 109
H. serrata subsp. *koreana*: 92
H. serrata subsp. *macrophylla*: 62
H. serrata subsp. *yezoensis*: 62
H. serrata subsp. *yezoensis* 'Veerle'®: 6, 111
H. serrata 'Tiara': 117
H. serrata 'Tokyo Delight': 20, 110, 118
H. serrata 'Warabe': 112
H. serrata 'Water Sapphire': 116
H. serrata 'Wilsonii': 113
H. serrata 'Wryneck': 114
H. serrata 'Yae no amacha': 114
H. serratifolia: 63
H. 'Shiro Gaku' (*serrata*): 108
H. 'Shiro Fuiri': 108

H. 'Taren Beni Gaku' (*serrata*): 109
H. 'Twist-n-Shout'™ (*macrophylla*): 81

H. 'Veitchii' (*macrophylla*): 111
H. villosa: 43, 45
H. villosa 'Anthony Bullivant': 43, 44
H. villosa 'Mauvette': 44
H. villosa 'Rocklon': 44

H. 'White Ball' (*macrophylla*): 112
H. 'White Wave' (*macrophylla*): 113

H. 'You're Welcome' (*macrophylla*): 114

Weiterführende Literatur

Bärtels, Andreas: Gehölze von A–Z: 1500 Bäume und Sträucher, 2009

Bürki, Moritz; Tommasine, Domenico: Bildatlas Blütenstauden, Verlag Eugen Ulmer, Stuttgart, 2005

Foerster, Karl: Blauer Schatz der Gärten, Verlag Eugen Ulmer, Stuttgart, 2006

Götz, Hans; Häussermann, Martin; Sieber, Josef: Die Stauden-CD, Verlag Eugen Ulmer, Stuttgart, 2006

Haberer, Martin: 333 Gartenpflanzen. Die schönsten Gehölze, Stauden und Sommerblumen, Verlag Eugen Ulmer, Stuttgart, 2007

Hansen, Richard; Stahl, Friedrich: Die Stauden und ihre Lebensbereiche in Gärten und Grünanlagen, Verlag Eugen Ulmer, Stuttgart, 1997

Mallet, Corinne: Hortensienatlas, Verlag Eugen Ulmer, Stuttgart, 2008

Van Gelderen, C. J.: Encyclopedia of Hydrangeas, Timber Pr Inc., 2004 (nur in englischer Sprache erhältlich)

Willery, Didier: Ziersträucher von A-Z: Richtig auswählen und pflegen, Verlag Eugen Ulmer, Stuttgart, 2006

Der Autor bezieht sich auf folgende Bücher, von denen einzelne nur noch antiquarisch zu erhalten sind:

De Belder, Jelena: Het leven begint in de herfst, Lannoo, 1998

Dirr, Michael A.: Hydrangeas for American Gardens, Timber Press, Portland, Oregon, 2004

Haworth-Booth, Michael: The Hydrangeas, Constable and Company Ltd., London, 1984

Yamamoto, Takeomi: Ajisai Picture Book/ Mallet, Corinne: Guide en Couleurs des Hydrangea Japonais

Dank

Dieses Buch ist das Resultat von jahrelanger Arbeit, Forschung und vor allem Leidenschaft. Mein herzlicher Dank geht an alle Hortensienliebhaber, die mich bei der Arbeit an diesem Buch unterstützt haben, ganz besonders an:

Jan Oprins Plant, Rijkevorsel
Didier Hermans, Herplant NV, Beerse
Johan Van Huylenbroeck, ILVO
Jan Van Herreweghe und alle anderen Mitglieder von BEST-select
Familie De Sy-Desmet, Ertvelde

Bildquellen

Die Fotos stammen von:
Hugo Maertens
Jaak Van Damme
Bart Van Leuven
Harry van Trier
Instituut voor Landbouw- en Visserijonderzoek, ILVO
Syndicat d'Amélioration des Plantes Horticoles (SAPHO)

Die belgische Originalausgabe erschien 2010 unter dem Titel „Hydrangea“ bei Stichting Kunstboek bvba, Oostkamp, Belgien.

Schlussredaktion der Originalausgabe:
Katrien Van Moerbeke
Layout der Originalausgabe:
www.groupvandamme.eu

Impressum

Bibliografische Information der Deutschen Nationalbibliothek
Die Deutsche Nationalbibliothek verzeichnet diese Publikation in der Deutschen Nationalbibliografie; detaillierte bibliografische Daten sind im Internet über http://dnb.d-nb.de abrufbar.

Wollgrasweg 41, 70599 Stuttgart (Hohenheim)
E-Mail: info@ulmer.de
Internet: www.ulmer.de
Übersetzung: Christina Thelen
Lektorat: Christine Condé, Antje Krause
Umschlagentwurf: red.sign, Anette Vogt, Stuttgart
Innenlayout und dtp: Lohse Design, Heppenheim

MIX
Papier aus verantwortungsvollen Quellen
FSC® C015829

Druck und Bindung: Printer, Trento
Printed in Italy

ISBN 978-3-8001-7633-5